PHANTASIEVOLLE KÜCHE EXOTISCHER GEWÜRZE

XENOS RATGEBER

XENOS Verlagsgesellschaft m.b.H.
Hamburg

PHANTASIEVOLLE KÜCHE
EXOTISCHER

GEWÜRZE

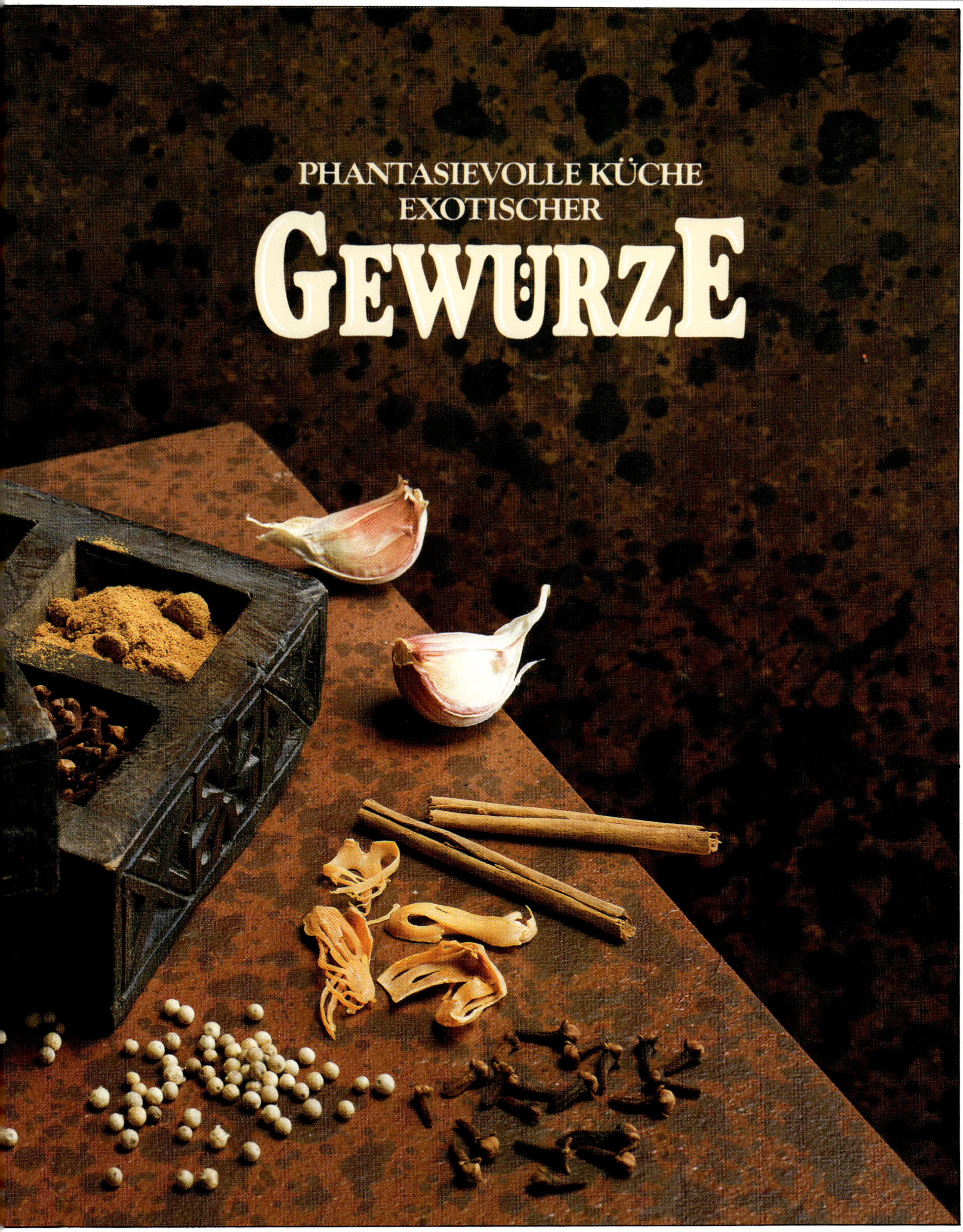

ISBN 3-8212-0268-8

Verlag und Herausgeber für die deutsche Ausgabe:
XENOS Verlagsgesellschaft mbH, Am Hehsel 42, 2000 Hamburg 63
Übersetzung: Luzia Czernich, Haimhausen
Fachlektorat: Dr. Berthold Hohmann, Apotheker, Hamburg

Art Director: Peter Bridgewater
Verleger: Nicholas Law
Fotograf: Trevor Wood, Michael Bull
Kochstudio: Brenda Smith, Paula Smith
Illustrator: Lorraine Harrison

Der Autor und der Verlag danken der House Food Industrial
Gesellschaft (Japan) für die Erlaubnis zur Reproduktion
der Abbildungen auf den Seiten 6–12.

Printed in West Germany

— Inhalt —

— Einleitung —

Gewürze sind mehr als bloß Lebensmittel, sie sind quasi eine Idee, die den Lauf der Geschichte und unsere Sprache bereichert hat. Etwas „würzen", „die Würze des Lebens" oder „würzig" sind Worte, und Begriffe, die nicht nur auf etwas Besonderes hindeuten, sondern auf etwas Exotisches; auf ein wenig Spaß, sogar auf das Risiko.

Ablenkung oder die Flucht aus der Langeweile ist ein stetes, menschliches Bemühen gewesen, das schon lange vor der Geschichte eingesetzt hat. Die Menschen kannten weder Bücher, Telefon oder Fernsehen, aber sie hatten zu essen. Kein Wunder, daß diese winzigen, aber effektvollen Gewürz-Päckchen exotischen Vergnügens so geschätzt waren.

Nahezu überall, fast schon vor der Küchentür, wächst eine andere Gruppe von Pflanzen, deren Anwendung anderen Nahrungsmitteln Aroma verleiht – die Kräuter. Sie haben ihre eigene Geschichte. Gewürze dagegen regten immer die Leidenschaften der Menschen an und beflügelten ihre Phantasie.

Was sind nun Gewürze? Es existiert keine eindeutige Definition. Die Natur hält sich letztlich nicht an die vom Menschen festgelegten Klassifikationen. „Gewürz" ist daher eher ein menschlicher Begriff als ein ehernes Gesetz des Universums.

Sowohl über Kräuter als auch über Gewürze läßt sich viel Allgemeines sagen. Ihr Nutzen für die Nahrung ist in erster Linie geschmacklicher Art, den Nährwert steigern sie nicht. Sie werden immer nur zur Verfeinerung des Geschmacks derjenigen Nahrungsmittel hergenommen, die den Hauptbestandteil eines Gerichts bilden. Doch auch hier keine Regel ohne Ausnahme. Schließlich gibt es auch eine Reihe von Gerichten, bei denen Knoblauch als Gemüse zubereitet und nicht als Gewürz verwendet wird. Generell versteht man unter Kräutern die Blätter und eventuell auch die Stengel aromatischer Pflanzen. Was aber sind Gewürze? Sie sind fast immer getrocknet, während Kräuter frisch und getrocknet verwendet werden. Aber auch hier gibt es Ausnahmen: Pfeffer und Nelkenpfeffer sind getrocknete Beeren, Zimt und Kassia sind Baumrinden, Ingwer und Kurkuma sind Wurzeln, die Muskatnuß ist der Samenkern einer aprikosenähnlichen Frucht, während Macis die Samenhülle der gleichen Frucht ist. Kardamomkapseln, Chili- und Vanilleschoten sind Früchte, Gewürznelken dagegen unreife Blütenknospen, die, wenn sie nicht gepflückt werden, duftende Blüten hervorbringen. Dies jedoch sind keine Gewürznelken. Und Knoblauch? Für manche ist Knoblauch kein Gewürz, andere zählen ihn zu den Kräutern. Aber die langen, lanzettförmigen Blätter werden nicht zum Würzen verwendet, sondern die Knollen.

Um die Verwirrung zu beenden, haben eine Reihe von Kochbuchautoren festgelegt, daß prinzipiell echte Gewürze nur in den Tropen wachsen. Sie haben obendrein neben

LINKS: *Knoblauchverkauf auf einem Markt.*

UNTEN: *Pflücker entfernen die Knospen von den Blütenstengeln eines tropischen, immergrünen Baumes aus der Familie der Myrtengewächse. Nelken sind getrocknete Blütenknospen.*

Kräutern und Gewürzen eine dritte Kategorie erfunden, die „aromatischen Samen“. Dazu rechnen sie beispielsweise Pfeffer. Pfeffer ist eindeutig ein Gewürz und wächst in der Nähe des Äquators. Knoblauch dagegen, der auch in gemäßigten Regionen zu Hause ist, dürfte somit nicht als Gewürz bezeichnet werden, denn er hat mit Samen nur wenig zu tun. Bevor das Ganze aber in einen akademischen Streit ausartet, sollten wir uns lieber wieder dem Vergnügen zuwenden.

Die frühesten Handelskarawanen transportierten Salz, aber seit Beginn der menschlichen Geschichte führten sie Gewürze mit sich. Die alten Kulturen im Mittelmeerraum und im Nahen Osten verlangten nach den Gewürzen Indiens und der fernöstlichen Länder. Ägyptische Gewürzexpeditionen erreichten bereits vor drei- bis viertausend Jahren die Ostküste Afrikas. Besonders geschätzt waren die aromatischen Rinden Zimt und Kassiazimt. Die Ägypter verwendeten sie zum Würzen und in der Kosmetik, auch wurden sie bei rituellen Handlungen wie Bestattungen verwendet.

Im 2. Buch Mose Kap. 30, Verse 22 bis 26 heißt es:

> Und der Herr redete mit Moses und sprach: Nimm zu dir die beste Spezerei: die edelste Myrrhe, fünfhundert Lot, und Zimt, die Hälfte soviel, zweihundertundfünfzig, und Kalmus, auch zweihundertfünfzig, und Kassia, fünfhundert nach dem Lot des Heiligtums, und Öl vom Ölbaum ein Hin. Und mache ein heiliges Salböl nach der Kunst des Salbenbereiters. Und sollst damit salben die Hütte des Stifts und die Lade des Zeugnisses.

Myrrhe spielte in den biblischen Geschichten später eine wichtige Rolle, vor allem im Liebestrank im Hohelied Salomons und als eine der drei Gaben, welche die Heiligen Drei Könige dem Jesuskind bringen. Myrrhe wächst seit der Antike und noch heute im Mittleren Osten. Zimt und Kassia dagegen wuchsen dort nie, und doch standen sie angeblich für die heiligsten Dienste zur Verfügung, beispielsweise für das Salböl der Stiftshütte der alten Israeliten. Woher nun aber stammten sie also?

Der altgriechische Historiker Herodot stellte eben diese Frage und bezeichnete die Gegend um das Rote Meer als „Zimtland“. Er schrieb über große Vögel, die angeblich aus den Rinden des Zimtbaumes ihre Nester bauten, und über Araber, die sich mit großen Fleischstücken den Nestern näherten. Die Vögel flogen mit dem Fleisch zu ihren Nestern, die unter dem Gewicht zusammenbrachen. Anschließend wurde die Zimtrinde eingesammelt. Laut Herodot wurde Kassia nach einem ähnlich bizarren Verfahren gesammelt, bei dem Schlangen eine wichtige Rolle spielten.

Erst der römische Geschichtsschreiber Plinius der Jüngere kam der Wahrheit näher. Er bekam mit Gewürzen zu tun, weil er als römischer Schatzbeamter mit der sinkenden Handelsbilanz konfrontiert wurde. Die luxusliebenden Römer sandten, um die Versorgung mit östlichen Gewürzen zu

UNTEN: *Die Zimtstangen werden aus der wertvollen Innenrinde gewonnen, nachdem die äußere Rinde abgezogen wurde.*
RECHTS: *Ingwerwurzeln werden für den Verkauf sortiert.*

OBEN: *Die grünen Pfefferfrüchte werden in der Sonne zum Trocknen ausgelegt.*
RECHTS: *Nach etwa 1 1/2 Wochen sind die Pfefferfrüchte zu den uns bekannten schwarzen Pfefferkörnern eingetrocknet.*

sichern, riesige Goldmengen aus dem Reich in Richtung Indien. Plinius beschreibt eine Reihe phantastischer Reisen von mehreren tausend Kilometern über den Ozean, die in Ostindien begannen und an der Ostküste Afrikas endeten. Die Zimthändler mit ihren kleinen, offenen Flößen hatten nur die Sterne als Navigationshilfe und brauchten oft mehr als fünf Jahre für die Hin- und Rückreise. Für ihre Mühen erhielten sie Armbänder, kleine Glasstücke und Tand. Hinsichtlich der Römer und der bemerkenswerten Zimt-Seeleute schrieb Plinius: „Und somit hängt dieser Verkehr in der Hauptseite von der launenhaften, weiblichen Modesucht ab." Es ist anzunehmen, daß die arabischen Mittelsmänner das meiste des Goldes bekamen und gehörig bei dem Handel verdienten.

Wäre Plinius Sprachwissenschaftler gewesen, so hätte er gewußt, daß das englische und lateinische Wort „cinnamon" von dem fast identischen hebräischen Wort abgeleitet ist, welches wiederum aus dem Alt-Malaiischen kommt und so viel wie „Süßholz" bedeutet. Das biblische Zimtgewürz stammt wahrscheinlich aus der Gegend des heutigen Malaysia. Kassia dagegen kam ursprünglich wohl aus den Khasi Bergen von Assam, einer Region zwischen dem nördlichen Bangladesh und China. Vielleicht wurde es auf dem Weg, der später „Seidenstraße" genannt wurde, von Menschen oder Lasttieren durch die unübersehbaren Weiten Asiens transportiert.

Der Gewürzhandel ist also sehr alt. Als die Europäer noch barfuß und mit Tierfellen bekleidet durch die Wälder streiften, blühte bereits zwischen dem Osten und dem Westen überall auf dem Indischen Ozean und in Asien ein reger Handel. Dies sollte sich bald ändern.

Entscheidend bei Gewürzen ist, daß sie „reisen" können und haltbar sind. Sie sind ihre eigenen Transportbehälter.

Die Kräuter wachsen im Tal:
Grüne Ingwerpflanzen und blasse Lakritze,
Und Nelken bieten ihre Süße an,
Mit Muskatnuß auch, in Bier,
Gleich, ob es frisch ist oder schal,
Oder sonst etwas, um sie zu bewahren.

Diese Zeilen stammen von Geoffrey Chaucer, einem Engländer, der von 1340 bis 1400 gelebt hat. Sein Ingwer kam aus Indien oder Ostafrika, seine Lakritze aus Südeuropa. Es sind aber die Muskatnuß und die Nelken, die eine Geschichte zu erzählen haben. Zu Chaucers Zeiten konnten sich europäische Schiffe kaum auf das offene Meer wagen und segelten nur selten außer Sichtweite des Landes. Nur ein Verrückter wäre auf die Idee gekommen, um Afrika herum zu segeln, denn niemand wußte, ob Afrika überhaupt „ein Ende“ hatte. Obendrein hatten die meisten Menschen noch nie etwas über Afrika oder den Indischen Ozean gehört.

Damals kamen nahezu alle Gewürznelken von einer winzigen Inselgruppe auf dem Äquator zwischen Borneo und Neu Guinea, den Molukken oder Gewürzinseln. Die Muskatnüsse auf der ganzen Welt stammten sogar von einer noch kleineren Inselgruppe namens Banda, die nur den arabischen und indonesischen Händlern bekannt war, welche seit Tausenden von Jahren immer wieder diese Inseln angelaufen hatten. Weder Chaucer noch sonst jemand in Europa hatten auch nur die leiseste Ahnung von der Existenz dieser Inseln.

Die Gewürze machten eine lange Reise, bis sie endlich in Chaucers Bier landeten. Nicht von ungefähr schrieb er deshalb: „. . . oder sonst etwas, um sie zu bewahren.“

Zur Zeit Chaucers beherrschte der prunkvolle und mächtige Stadtstaat Venedig den Mittelmeerraum. Viel von seinem Reichtum stammte aus Übereinkünften mit arabischen Händlern, den Gewürzhandel zu kontrollieren. Auf der einen Seite passierten all die sagenhaften Gewürze aus dem Orient Venedig, auf der anderen Seite gingen von hier aus große Mengen von Gold und Silber in den Osten. Die venezianischen Herren wurden dabei reich, das restliche Europa dagegen hatte mit den gleichen Wirtschaftsproblemen wie lange zuvor die Römer zu kämpfen. Ganz im Westen, in dem damals erst unabhängig gewordenen Portugal, beschloß ein Mann, die wirtschaftliche Stellung Venedigs anzugreifen. Dies sollte die Menschheitsgeschichte total verändern.

Der Plan des Prinzen Heinrich von Portugal war einfach: das Ende Afrikas finden, außen herum bis nach Indien segeln, die Gewürze direkt von den Erzeugern kaufen und so die Venezianer und die arabischen Händler ausschalten. Dies erscheint im nachhinein als verrückt. Er hätte ebensogut den Mond oder Mars als Ziel wählen können. Aber ihn trieb nicht nur die Gier nach Gewürzen, sondern auch der Haß auf die arabischen Moslems und die Hoffnung, ein legendäres christliches Reich im Osten zu finden. Für sein Unternehmen verpflichtete er weltberühmte Gelehrte und Nautiker, aber Heinrich starb, bevor er seinen Plan in die Tat umsetzen konnte. Doch die Portugiesen entwickelten Schiffe, die gegen den Wind segeln, und nautische Instrumente, mit Hilfe derer sie sich auf das offene Meer wagen konnten.

Um 1480 hatten die Portugiesen Afrika umrundet und waren bereit zum Vorstoß nach Indien. Darüber war die Spanische Krone so beunruhigt, daß sie beschloß, einen italienischen Seefahrer zu finanzieren, der behauptete, Indien vor den Portugiesen zu erreichen, indem er den Weg nach Westen nähme. Dieser Mann war Christoph Columbus.

OBEN: *Eine geöffnete Muskatfrucht mit dem roten Samenmantel (auch „Muskatblüte“ genannt), der den Samen umhüllt.*

1497 erreichten die Portugiesen ihr Ziel: Indien. Ihr Führer Vasco da Gama soll gesagt haben: „Ich bin wegen der Christen und der Gewürze gekommen.“ An dieser Stelle sei darauf hingewiesen, daß Indien in den darauffolgenden 450 Jahren unter das europäische Joch geriet! Columbus erreichte – zur bleibenden Enttäuschung – natürlich niemals Indien. Er fand Inseln, Kontinente und Reiche, die von anderen europäischen Herrschern schnell zu ihrem Eigentum erklärt wurden. Für das nächste halbe Jahrtausend hatte der europäische Kolonialismus die Welt neu aufgeteilt – und dieser begann mit der Suche nach der Herkunft der Gewürze.

Die Entdeckung der Neuen Welt veränderte die Eßgewohnheiten der Alten Welt für immer. Man kann sich heute ein vor-amerikanisches Europa ohne Tomaten, Kartoffeln, Schokolade, Vanille oder Puter nicht mehr vorstellen. Columbus stiftete nicht nur Verwirrung dadurch, daß er alle Völker, denen er begegnete, Indianer nannte, sondern nebenbei trübte er auch noch die sprachwissenschaftlichen Gewässer, indem er zwei verschiedenen Pflanzen den Namen einer dritten gab – Pfeffer.

Der erste „Pfeffer“, den er erblickte, hatte etwas größere Beeren als die asiatisch-indische Art. Er besaß ein herrliches Aroma, das an Nelken, Zimt und Muskatnuß gleichzeitig erinnerte, und wurde „la pimenta de Jamaica“ oder Jamaica-Pfeffer genannt. Heute hat sich bei uns „Nelkenpfeffer“ eingebürgert, oder auch Piment oder Allgewürz.

Nelkenpfeffer oder Piment ist ein köstliches Gewürz und wird in vielen kommerziellen Nahrungsmitteln verarbeitet. Als eigenständiges Küchengewürz dagegen ist es weniger bekannt.

Es war jedoch ein anderes Gewürz, das die kulinarische Welt aufhorchen ließ. Seit nicht weniger als 9000 Jahren (!) war Capsicum, wozu auch der allbekannte Paprika gehört, in seinen vielen Farben und Formen von den Völkern Mittel- und Südamerikas angebaut worden. Nun kam der in die Irre gesegelte Seefahrer Columbus und nannte ihn „Pimento" oder „Pfeffer". Capsicum hat aber nun gar nichts mit dem zum Niesen reizenden Pulver zu tun, das in der Regel neben dem Salz in einem Streuer auf dem Tisch steht. Einigen wir uns statt dessen bei dem beißend scharfen Capsicum auf den Namen „Chili", der von dem der ersten amerikanischen Anbauern abgeleitet ist. Er hat übrigens nichts mit Chile zu tun.

Gewürze wurden stets nicht nur dazu verwendet, um den Speisen Aroma, sondern auch Schärfe zu verleihen. Vor dem Eintreffen des Chili in Europa kannte man hier zum Schärfen nur Pfeffer, Senf, Meerrettich oder auch Ingwer. Jedes dieser Gewürze hat aber einen ausgeprägten Eigengeschmack. Anders bei Chili. Es besitzt nur sehr wenig Eigengeschmack und zerstört das Aroma der Speisen nicht.

Chilis sind überall problemlos anzubauen. Deshalb erlebten die kleinen, scharfen Früchte dort ihre Blüte, wo die spanischen und später die portugiesischen Seefahrer an Land gingen. Es war sicher ein großer Tag in der Geschichte der Kochkunst, als die Chilis Indien erreichten. Heute ist Indien der größte Chili-Anbauer, und die indische Küche könnte ohne die scharfen Chilis gar nicht mehr auskommen. Welch eine Ironie des Schicksals, daß die Suche nach indischen Gewürzen letztlich auf „Umwegen" zu einer Veränderung der indischen Küche selbst geführt hat.

Die beiden „christlichen" Nationen Spanien und Portugal begannen sich in ihren eroberten Gebieten dermaßen zu stören, daß der Papst eine imaginäre Linie durch den Atlantik zog, um die Interessensphären der beiden zu trennen. Portugal konnte alle „heidnischen" Gebiete östlich der Linie haben, während Spanien die im Westen nehmen sollte. Aus alten Karten wird jedoch nicht ersichtlich, ob die Molukken oder Banda, die Heimat von Nelken und Muskat, zur portugiesischen oder spanischen Einflußsphäre gehörten.

Die Spanier glaubten, ihren Einfluß und Anspruch auf die Inseln zu verstärken, wenn sie den Plan von Columbus verfolgten und nach Westen segelten. Eine Expedition von fünf Schiffen mit 230 Mann wurde ausgerüstet, die ironischerweise von dem Portugiesen Ferdinand Magellan geleitet wurde. Sie segelten westwärts auf den Atlantik hinaus, die

Küste Südamerikas hinunter und schließlich in den Pazifischen Ozean. Zwar erreichte die Expedition die Molukken, aber Magellan selbst zählte bereits zu den zahlreichen Opfern. Drei Jahre nach seinem Aufbruch kehrte schließlich nur ein Schiff mit achtzehn ausgemergelten Seeleuten an Bord nach Spanien zurück. Ohne Zweifel waren dies die ersten Menschen, die um die Welt gesegelt waren – wegen Nelken und Muskatnüssen!

Das folgende Jahrhundert brachte den Niedergang Spaniens und Portugals und den Aufstieg neuer und noch unbarmherzigerer Reiche: England, Holland und Frankreich. Große Gesellschaften wurden gegründet, um das Kapital zur Ausrüstung von Expeditionen nach dem Osten aufzubringen. Vor allem die Holländer ersannen und führten Pläne aus, um den Weltmarkt für verschiedene Gewürze zu kontrollieren. Sie vernichteten alle Nelkensträucher und Muskatbäume auf der Welt bis auf diejenigen, die auf den von ihnen gut bewachten Inseln wuchsen. Doch es „entkamen" Nelken- und Muskatpflanzen und wurden woanders wieder in die Erde gesetzt.

GEGENÜBER: *Ein Safranfeld wird abgeerntet.*

OBEN: *Kurkuma wird pulverisiert verkauft. Es verliert sein Aroma jedoch sehr schnell.*

RECHTS: *Eine Auswahl von Reissorten, Hülsenfrüchten und Bohnen.*

OBEN LINKS: *Senf wird geerntet, wenn die Samen reif sind, aber die Schoten noch nicht aufgeplatzt und die Samen verstreut sind.*
OBEN RECHTS: *Die grünen Beeren des Nelkenpfeffers.*

Um die Mitte des 18. Jahrhunderts ging die Nachfrage an bis dahin beliebten Gewürzen allmählich zurück, andere Gewürze wurden gewünscht. Lange Zeit waren Zimt und Nelken sehr beliebt gewesen, weil man in Europa nur eine Zubereitungsart kannte: verschiedene Nahrungsmittel mit den unterschiedlichsten Geschmacksrichtungen wurden in einem einzigen Topf über der Feuerstelle gegart. Man unterschied nicht zwischen süßen, sauren und aromatischen Gerichten. Dem kamen die Gewürze Zimt und Nelken entgegen, denn sie verbinden die gegensätzlichen Geschmacksrichtungen süß und sauer. So ist zum Beispiel Apfelstrudel mit sauren Äpfeln und süßem Zucker ohne Zimt oder Nelken oder beidem unvorstellbar.

Nach der Erfindung des Kochherdes mußte nicht mehr alles miteinander verkocht werden. Eine neue, pikante Zubereitungsart kam auf, und mit ihr ein neues Gewürz – Pfeffer. Die neue Nation, die Vereinigten Staaten von Amerika, trat mit schnellen Schiffen aus dem Neu-England-Hafen Salem in den Pfefferhandel ein. Mit den erzielten Gewinnen wurde vor allem die Industrialisierung von Massachusetts forciert.

Die Einfuhr östlicher Gewürze im Überfluß beschleunigte den „Niedergang" der europäischen Gewürze Senf und Safran. Senf erlebte eine gewisse Renaissance, vor allem in der französischen Stadt Dijon und durch die englische Firma J & J Colman. Safran dagegen wird fast nur noch in Spanien geerntet, wo er für das Nationalgericht Paella Verwendung findet.

Zu allen Zeiten schätzten die Menschen Gewürze nicht nur wegen ihres Aromas und ihres pikanten Geschmacks, sondern auch wegen ihres spürbaren Nutzens für die Gesundheit. Es ist gar nicht so lange her, als Ernährung und Medizin zu getrennten, genau unterschiedenen Bereichen wurden.

Jedes Gewürz enthält eine Anzahl kompliziert gebauter Inhalts- und Wirkstoffe. Die Medizin hat diese Tatsache lange vernachlässigt, obwohl die Menschen während Tausenden von Jahren die verschiedensten Kräuter und Gewürze als Heilmittel gerühmt haben.

Dieses Buch konzentriert sich jedoch auf das Essen und auf die Verwendung von Gewürzen in der Küche. Heute sind Gewürze leichter als je zuvor erhältlich. Jeder größere Supermarkt führt ein breites Angebot von meist schon gemahlenen Gewürzen. Gewürze, vor allem gemahlene, die zum alsbaldigen Gebrauch bestimmt sind, sollten stets trokken, dunkel und in luftdichten Behältern aufbewahrt werden. Wenn möglich, kaufen Sie Gewürze im ganzen und mahlen Sie sie selbst. Frisch gemahlener Pfeffer ist immer aromatischer als pulverisierter. Geben Sie doch einmal einige Nelkenpfefferkörner dazu – das Aroma wird Sie überraschen.

Reiben Sie Muskat frisch von der Nuß – es ist nicht zu vergleichen mit Muskatpulver. Noch besser ist die sogenannte „Muskatblüte", auch „Macis" genannt. Die vielen exotischen Gewürze laden geradezu zum Experimentieren ein. Machen Sie mit, haben Sie Spaß dabei und bringen Sie – falls nötig – etwas Würze in Ihr Leben!

DIE GEWÜRZE

— Nelkenpfeffer —

Die Heimat des Nelkenpfeffers ist Jamaica. Dort wird er „Pimento“ genannt. Sein botanischer Name ist *Pimenta dioica*. Er wächst auf hohen Bäumen in Pimentplantagen, die dichterisch auch duftende, exotische Obstgärten genannt werden. Seltsamerweise ist er von allen wichtigen tropischen Gewürzen das bei uns am wenigsten bekannte und verwendete Gewürz. Das besondere Aroma macht ihn vor allem für Fertiggerichte weltweit unentbehrlich. Seine Essenz wird in nahezu allen Ländern für Backwaren und Fleischgerichte verwendet. Er ist in Skandinavien das wichtigste Gewürz, ist aber auch in Polen und der Sowjetunion weit verbreitet. Geliefert wird er fast ausschließlich aus dem amerikanischen Raum.

Nelkenpfeffer ist in Europa und Asien erst seit etwa fünfhundert Jahren bekannt – wahrlich ein sehr kurzer Augenblick in der Geschichte der Gewürze. Sein Duft wurde mit einer Mischung aus Nelken, Zimt, Muskat und vielleicht Pfeffer verglichen. Daher auch sein Name.

In der Regel ist Nelkenpfeffer gemahlen erhältlich, aber immer häufiger findet man heute die ganzen, getrockneten Beeren in den Gewürzregalen. Ungemahlen läßt sich dieses vielseitige Gewürz am besten genießen. Man füllt die Beeren in eine Pfeffermühle und verarbeitet sie wie Pfefferkörner. Geben Sie doch einmal ein paar Beeren Nelkenpfeffer zur täglichen Verwendung zum gewöhnlichen Pfeffer in die Mühle. Er paßt zu Salaten, Suppen, Fisch und Fleisch.

— NELKENPFEFFER —

Ziegencurry

FÜR 4 PERSONEN

Dies ist ein bekanntes Gericht aus Jamaica. Man verwendet das Fleisch von Zicklein, eventuell Lammfleisch.

ZUTATEN

1 kg Ziegen- oder Lammfleisch
1 TL Salz
1 TL Pfeffer
2 rote scharfe Paprikaschoten, fein gehackt
1 große Zwiebel, gehackt
1 TL Currypulver (siehe Seite 124)
2 EL Speiseöl
1/2 TL Nelkenpfefferkörner
550 ml Wasser
200 g Kartoffeln, in Würfel geschnitten

ZUBEREITUNG

♦ Das Fleisch putzen und in Würfel schneiden. Mit Salz, Pfeffer, Paprika und der Zwiebel würzen.
♦ Das Fleisch mit Curry einreiben und 1 Stunde stehen lassen.
♦ Öl in einer Pfanne erhitzen, das Fleisch kurz anbräunen, Nelkenpfeffer und Wasser dazugeben.
♦ Deckel auflegen und alles etwa 2 Stunden garen, bis das Fleisch weich ist.
♦ Kartoffelwürfel zugeben und kochen, bis die Sauce eindickt.
♦ Reis oder grüne Bananen dazu reichen.

Gewürzessig

ZUTATEN

1 Blättchen Macis
1 1/2 TL Nelkenpfeffer
11/2 TL Nelken
1 Zimtstange
6 schwarze Pfefferkörner
1 1/2 TL (ca. 7 g) frische oder scharf eingelegte Ingwerwurzel
1 1/2 l Essig

ZUBEREITUNG

♦ Die Gewürze in ein Musselinsäckchen füllen, mit dem Essig in einen Topf geben und zum Kochen bringen.
♦ Mindestens 2 Stunden ziehen lassen, dann das Säckchen entfernen.
♦ Eingelegten Ingwer mindestens 5 Tage im Essig ziehen lassen.

Eingelegter Rotkohl

ZUTATEN

1 mittelgroßer, fester Rotkohl
Salz
1 1/2 l Gewürzessig

ZUBEREITUNG

♦ Den Kohl putzen und vierteln. Stiel und verfärbte Blätter entfernen. In Streifen schneiden.
♦ Den Kohl in eine Schüssel geben und jede Schicht mit reichlich Salz bestreuen. Über Nacht ziehen lassen.
♦ Gewürzessig zubereiten (siehe links).
♦ Den Kohl abspülen und gründlich trocknen lassen.
♦ Locker in saubere Gefäße füllen und mit dem kalten Essig übergießen. Gut verschließen.

Nicht zuviel auf einmal zubereiten, da der Kohl nach 3 Monaten welk wird.

Honigkuchen

ZUTATEN

150 g Zucker
2 Eier
30 ml Speiseöl
200 g Honig
300 g Mehl
5 g Backpulver
1 TL gemahlener Ingwer
1 TL gemahlener Nelkenpfeffer
1 TL Speisesoda
100 ml warmes Wasser
blanchierte Mandeln zum Garnieren
Elektroherd 180 °C, Gasherd Stufe 4

ZUBEREITUNG

♦ Zucker und Eier schaumig rühren, Honig und Öl dazugeben und gut verrühren.
♦ Mehl, Backpulver, Ingwer, Nelkenpfeffer und Speisesoda sieben und abwechselnd Honigmischung und warmes Wasser einrühren.
♦ Die Masse in eine eingefettete, bemehlte Brotbackform füllen. Die Masse sollte zähflüssig sein.
♦ Mit den Mandeln verzieren und eine Stunde backen.

Dies ist der traditionelle jüdische Neujahrskuchen.

— Nelkenpfeffer —

Gewürzkuchen

ZUTATEN

200 g Butter oder weiche Margarine
125 g Zucker
125 g brauner Zucker
4 Eier, getrennt
300 g Mehl
3 TL Backpulver
2 TL gemahlener Nelkenpfeffer
2 TL gemahlener Zimt
1 TL geriebene Muskatnuß
225 ml Wasser

Elektroherd 190 °C, Gasherd Stufe 5

♦ Butter (Margarine) und Zucker schaumig rühren.
♦ Nacheinander die Eidotter einrühren.
♦ Alle trockenen Zutaten sieben und abwechselnd mit dem Wasser in die Masse rühren.
♦ Das Eiweiß steifschlagen und darunterheben.
♦ Die Masse in eine gut eingefettete Form (22,5 x 22,5 cm) füllen und im vorgeheizten Rohr 40 Minuten backen.
♦ Den Kuchen 10 Minuten auskühlen lassen, dann auf einen Rost stürzen.

— Anis —

Stellen Sie sich vor: Sie sitzen unter der warmen Mittelmeersonne am Strand und nippen an dem duftenden griechischen Ouzo. Das ist der Geist des Anis! Anis, *Pimpinella anisum,* gehört zu den ältesten und vielseitigsten Gewürzpflanzen. Ursprünglich wurde er von den alten Ägyptern angebaut, die ihn in einer Vielzahl von Speisen und Getränken verwendeten. Noch heute gedeiht Anis gut im Mittelmeerraum und wächst sogar in gemäßigteren Klimazonen. Allerdings bedarf es eines heißen Sommers, damit die Pflanze blüht.

Der wesentliche Würzbestandteil von Anis ist das ätherische Öl. Es enthält u. a. Anethol, das auch in Sternanis und Fenchel enthalten ist.

Anis ist in ganz Europa eine beliebte Zutat zu Kuchen und Pasteten. Im alten Rom war Anis besonders beliebt. Nach den Mahlzeiten reichte man Anisgebäck zur besseren Verdauung. Übrigens: Anis soll gegen den bösen Blick schützen!

— ANIS —

Anisplätzchen

ZUTATEN

3 Eier
100 g Zucker
150 g Vollkornmehl
1 TL Backpulver
11/2 TL feingemahlenen Anis
Elektroherd 190 °C, Gasherd Stufe 5

ZUBEREITUNG

♦ Eier schlagen, bis die Flüssigkeit hellgelb ist.
♦ Den Zucker dazugeben und 3 Minuten rühren.
♦ Die trockenen Zutaten vermengen und unter die Mischung heben.
♦ Je einen TL Teig auf ein eingefettetes Backblech geben. Nicht zu eng nebeneinander setzen.
♦ Bei Zimmertemperatur 18 Stunden ruhen lassen.
♦ Im vorgeheizten Rohr etwa 12 Minuten backen, bis die Plätzchen braun werden.

— Anis —

Karotten- und Süßkartoffel-Tzimmes

FÜR 6 PERSONEN

ZUTATEN

1 kg Karotten, in Scheiben geschnitten
etwa 450 g Süßkartoffeln (Bataten), in Scheiben geschnitten
50 g brauner Zucker
1 EL Mehl
1 TL ganzer Anis
2 EL Butter
Elektroherd 200 °C, Gasherd Stufe 6

ZUBEREITUNG

♦ Karotten und Kartoffeln etwa 1 Stunde kochen.
♦ Zucker, Mehl und Anis vermengen.
♦ Butter schmelzen und so in eine feuerfeste Form gießen, daß die ganze Innenfläche bedeckt ist.
♦ Das Gemüse hineinfüllen und mit der Zuckermischung verrühren.
♦ Im Ofen goldbraun backen.

Indischer Gewürztee

Eine gute Mischung für dieses Getränk sind 2 Teile Darjeeling und 1 Teil Assam.

ZUTATEN

550 ml Wasser
1 TL schwarzer Tee
1 Prise Kardamom, gemahlen
4 ganze Nelken
1/2 TL ganzer oder gestoßener Anis
275 ml Milch
2 TL brauner Zucker

ZUBEREITUNG

♦ Das Wasser zum Kochen bringen und über den Tee gießen.
♦ Alle Gewürze dazugeben und 5 Minuten ziehen lassen.
♦ Den Tee in die Kanne abgießen. Warme Milch und Zucker hinzufügen.

Wenn der Tee noch aromatischer sein soll, kann man die Gewürze erst einige Minuten im Wasser aufkochen und dann über die Teeblätter gießen. Anis hat ein starkes Aroma, das aber schnell verfliegt.

— KÜMMEL —

KÜMMEL, botanischer Name *Carum carri* – das sind die kleinen schwarzen Körner, die verschiedenen Brotsorten ihren würzigen Geschmack verleihen. Der eine liebt ihn, der andere nicht – alles ist Geschmackssache. Man streut Kümmel bei uns auf . . . ja, fast alles: Fleisch, Suppen, Kartoffeln, Gemüse . . . Sogar ein Schnaps wird mit ihm gebrannt. Die Mitteleuropäer schätzen ihn besonders, und in der Vergangenheit wurde ihm wie auch dem Anis eine Schutzfunktion gegen die schwarzen Künste nachgesagt.

Kümmel kann leicht mit Kreuzkümmel verwechselt werden. Die Engländer haben es da leichter, sie unterscheiden klar zwischen „Caraway“ (Kümmel) und „Cumin“ (Kreuzkümmel).

Kümmel ist mittlerweile eine europäische Nutzpflanze geworden. In größeren Mengen wird er z. B. über Singapur importiert, einem der größten Knotenpunkte der internationalen Gewürzstraßen. Rechts deshalb ein original Singapur-Rezept.

— KÜMMEL —

Kümmelkuchen

ZUTATEN

200 g Mehl
1 TL Backpulver
2 TL ganzer Kümmel
125 g Margarine
100 g Zucker
3 Eier
Elektroherd 180 °C, Gasherd Stufe 4

ZUBEREITUNG

♦ Mehl, Backpulver und Kümmel vermengen.
♦ Margarine und Zucker schaumig rühren.
♦ Die Eier nacheinander hineinschlagen.
♦ Alle Zutaten langsam verrühren. Falls die Masse zu fest wird, etwas Milch dazugeben.
♦ In eine gut eingefettete Backform gießen (17,5 x 17,5 cm) und 1 Stunde backen.

Kartoffelsuppe

FÜR 6 PERSONEN

ZUTATEN

75 g Butter
1 Zwiebel, fein gehackt
400 g Kartoffeln, in Würfel geschnitten
1 geriebene Karotte
Salz
1/2 TL weißer Pfeffer
1 TL ganzer Kümmel
750 ml Wasser
30 g Weizengrieß
750 ml Milch
3 EL gehackte Petersilie
100 ml saure Sahne

ZUBEREITUNG

♦ Butter in einem Topf erhitzen und die Zwiebeln anbräunen.
♦ Kartoffeln, Karotte, Salz, Pfeffer und Kümmel dazugeben und rühren, bis die Zutaten etwas weich sind.
♦ Mit Wasser aufgießen und zum Kochen bringen.
♦ Den Weizengrieß einrühren und alles 20 Minuten bei milder Hitze kochen. Häufig umrühren.
♦ Milch und Petersilie dazugeben und bis zum Siedepunkt erhitzen.
♦ Mit saurer Sahne servieren.

— KÜMMEL —

Satay-Sauce

ZUTATEN

1 mittelgroße Zwiebel, gehackt
150 g geröstete Erdnüsse
3 Knoblauchzehen, zerdrückt
1 TL Kümmel
2 TL Koriander
2 TL Kurkuma
1/2 TL Cayennepfeffer
50 g Kokosflocken
2 EL Sojasauce
1 TL Honig
450 ml Wasser

ZUBEREITUNG

- Alle Zutaten mit 50 ml Wasser verrühren.
- Mit dem restlichen Wasser in einen Topf geben und köcheln lassen, bis die Sauce dick wird.
- Vor dem Verzehr 30 Minuten stehen lassen.

Man kann diese Sauce als Marinade für Fleisch und Gemüse oder als Dip verwenden.

— KARDAMOM —

DIESES GEWÜRZ ist eine etwa 1 bis 4 cm lange Kapsel, die Samen enthält. Kardamom, *Elettaria cardamomum,* kann im ganzen samt der Fruchthülle oder nur als getrocknete Samen verwendet werden. Es wächst in den üppigen Regenwäldern Südindiens und Sri Lankas und wird meist in mühevoller Handarbeit geerntet. In der letzten Zeit hat man auch in Guatemala Kardamom kultiviert und exportiert. Nach den Indern und den Bewohnern Sri Lankas, die die ganzen Schoten in Gemüsegerichten verwenden, sind die Araber die wichtigsten Abnehmer. Mit Kardamom gewürzter Mokka wird im ganzen Mittleren Osten serviert, die Skandinavier dagegen verarbeiten es in einer Anzahl von Back- und Süßwaren.

Kardamom gehört unbedingt zu „Garam Masala", der bekannten indischen Gewürzmischung. Es heißt, daß Kardamom gut für die Verdauung sei – nicht nur in Indien.

— Kardamom —

Kokos-Sahne-Toffee

ERGIBT 30–40 STÜCK

ZUTATEN

1,5 l Sahne
400 g Zucker
1 Kokosnuß, zu einer Paste verrieben
1 TL Kardamomsamen, gemahlen
1/2 TL Rosenwasser

ZUBEREITUNG

♦ Zucker und Kokoscreme verrühren und langsam Rosenwasser und Sahne hinzufügen. Das Kardamompulver dazugeben und alles gut verrühren.
♦ In einem Topf bei milder Hitze kochen, bis die Masse am Rand Blasen wirft.
♦ Die Masse auf ein eingefettetes Backblech streichen und auskühlen lassen. Wenn sie kühl ist, in Vierecke unterteilen und nach dem Erkalten durchschneiden.

Gewürzomelett

FÜR 1 PERSON

ZUTATEN

2 Eier
Die Samen von 4 Kardamomkapseln, gemahlen
1 TL Koriander, fein zerstoßen
60 g Mehl
2 EL Joghurt
1 EL geklärte Butter
gehackte Petersilie, nach Wunsch

ZUBEREITUNG

♦ Die Eier gut schlagen.
♦ Kardamom, Mehl und Koriander einrühren.
♦ Joghurt dazugeben und gründlich verrühren. 30 Minuten stehen lassen.
♦ Die Butter in einer Pfanne erhitzen und die Eimischung hineingießen. Die Pfanne schwenken, daß der ganze Boden bedeckt ist.
♦ Das Omelett aus der Pfanne nehmen, mit frisch gehackter Petersilie bestreuen und sofort servieren.

Honigmilch

ZUTATEN

275 ml Milch
2 TL Honig
2 TL zerstoßene Nüsse
1 Prise Kardamompulver

ZUBEREITUNG

♦ Die Milch erhitzen.
♦ Den Honig einrühren.
♦ Die zerstoßenen Nüsse und das Kardamompulver darüberstreuen.

Kardamomkaffee

1/2 TL Kardamomsamen pro Tasse zum Kaffee in den Filter geben.
Dieses Getränk ist im Mittleren Osten äußerst beliebt.

— Kardamom —

Firnee

ZUTATEN

50 g Reismehl
450 ml Milch
75 g Zucker, vorzugsweise Vanillezucker
1 Kardamomkapsel, grob gemahlen
6 Mandeln
6 Pistazienkerne

ZUBEREITUNG

♦ Reismehl und Zucker mit etwas Milch zu einer dünnen Paste verrühren.
♦ Die restliche Milch zum Kochen bringen.
♦ Vom Feuer nehmen und die Reismehlpaste einrühren.
♦ Bei milder Hitze kochen, bis die Mischung eindickt.
♦ Mit dem gemahlenen Kardamom würzen.
♦ In eine Schüssel füllen und mit den Mandeln und Pistazien verzieren.

Gut gekühlt servieren.

— Kassiazimt —

Was des einen Zimt, ist des anderen Kassia. Beide Gewürze bestehen aus der Rinde von zwei verwandten Vertretern immergrüner Bäume. Die Engländer nennen nur diejenige Rinde Zimt, die aus Sri Lanka stammt, nämlich *Cinnamomum zeylanicum* (siehe Zimt, Seite 38). In Amerika dagegen werden alle Arten der süßen Rinde Zimt genannt, auch wenn sie nicht aus Sri Lanka stammen. In Mitteleuropa sind diese feinen Unterschiede ohne Belang, auch die Franzosen kennen nur den Sammelbegriff *canelle*. In der Küche können Sie somit beide Sorten getrost einander gleichsetzen.

Ceylonzimt erkennt man an den fast papierdünnen, aber doch festen Schichten der Zimtstange. Kassia, botanisch *Cinnamomum cassia*, ist in ungerollten Stücken oder dickeren Stangen erhältlich. Im Geschmack ist Zimt delikater und nicht so intensiv im Geschmack wie sein Verwandter Kassia.

— Kassiazimt —

Traumriegel

ERGIBT 15 STÜCK

ZUTATEN

TEIL 1

50 g brauner Zucker
100 g Butter
100 g Mehl
Elektroherd 180 °C, Gasherd Stufe 4

ZUBEREITUNG

♦ Zucker und Butter schaumig rühren, Mehl dazugeben.
♦ In eine eingefettete Form streichen (23 x 32 cm).
♦ Im vorgeheizten Rohr etwa 15 Minuten backen.

ZUTATEN

TEIL 2

3 Eier
100 g brauner Zucker
75 g Mehl
1 TL Backpulver
1 TL Kassiazimt
50 g Kokosflocken
75 g gehackte Walnüsse
Elektroherd 170 °C, Gasherd Stufe 3

ZUBEREITUNG

♦ Eier schlagen und den Zucker einrühren.
♦ Mehl, Backpulver, Kassiazimt, Kokosflocken und Nüsse mischen und in die Eimasse rühren.
♦ Die ganze Masse auf Teil 1 gießen und im vorgeheizten Ofen 30 Minuten backen.
♦ Nach dem Erkalten in Riegel schneiden.

„Parkin Brownies"

ERGIBT 8–12 STÜCKE

ZUTATEN

150 g Vollkornmehl
150 g feines Hafermehl
2 TL Nelkenpfeffer
2 TL Ingwer
2 TL Kassiazimt
2 TL Weinstein
1 TL Speisesoda
100 g Margarine
75 g brauner Zucker
175 ml Maissirup
1 Ei, geschlagen
Elektroherd 150 °C, Gasherd Stufe 2

ZUBEREITUNG

♦ Alle trockenen Zutaten bis auf den braunen Zucker vermengen.
♦ Mit der Margarine verrühren.
♦ In einer Extraschüssel den braunen Zucker und den Sirup erhitzen. In die Margarinemischung einrühren.
♦ Das Ei dazugeben und gut verrühren.
♦ Die Masse auf ein eingefettetes Backblech geben und 1 bis 1 1/2 Stunden backen.
♦ Auf einer Platte stürzen und nach dem Erkalten in Stücke schneiden.

Pisang-Törtchen

ZUTATEN

TEIG

200 g Mehl
1 TL Kassiazimt
1/2 TL frisch geriebene Muskatnuß
Salz
100 g Margarine
Eiswasser

FÜLLUNG

15 g Butter
100 g Pisang, sehr reif und zerdrückt
50 g brauner Zucker
1/2 TL frisch geriebene Muskatnuß
1 TL Vanilleessenz
1 EL Rosinen
Elektroherd 230 °C, Gasherd Stufe 8

ZUBEREITUNG

♦ Mehl, Kassiazimt und Muskat sieben und Salz dazugeben.
♦ Margarine einrühren, bis die Masse bröselig aussieht.
♦ Soviel Eiswasser dazugeben, daß der Teig zusammenhält. 2 Stunden kühlen.
♦ Füllung: Butter in einem Topf erhitzen, Pisang und braunen Zucker dazugeben. Bei milder Hitze gründlich kochen.
♦ Vom Feuer nehmen und Muskat, Vanille und Rosinen in den Topf geben.
♦ Den Teig auf einem bemehlten Brett dünn ausrollen und 10 cm große Kreise ausschneiden.
♦ In die Mitte jedes Kreises einen großen Löffel der Füllung geben.
♦ Den Teig zusammenklappen, die Ränder festdrücken und mit Milch oder Eidotter bestreichen. Jedes Törtchen mit einer Gabel einstechen.
♦ Im vorgeheizten Rohr etwa 30 Minuten backen, bis die Törtchen goldbraun sind.

— Kassiazimt —

Bananenkuchen

ZUTATEN

100 g Butter oder Margarine
125 g weicher brauner Zucker
3 Eier
4 Bananen
2 TL Zimt oder Kassiazimt, gemahlen
1 TL Backpulver oder Speisesoda
2 EL kochende Milch
150 g Mehl
1 TL Backpulver
Elektroherd 190 °C, Gasherd Stufe 5

ZUBEREITUNG

♦ Butter und Zucker zusammen erhitzen.
♦ Die Eier einrühren.
♦ Bananen mit Zimt oder Kassiazimt zerdrücken. Zu der Einmischung geben.
♦ Das Backpulver oder Speisesoda mit der kochenden Milch verrühren und zu der Bananenmasse geben.
♦ Mehl und Backpulver sieben und dazugeben.
♦ In eine eingefettete Backform (20 x 20 cm) füllen und im vorgeheizten Rohr etwa 1 Stunde backen.

— Cayennepfeffer —

Chilis gehören in die Gattung *Capsicum,* aber nicht alle Vertreter von *Capsicum* sind Chilis. Das Wort *Capsicum* stammt aus dem Lateinischen *capsa,* der Behälter. Und das ist die Frucht auch, ein Behälter voll Samen. Am bekanntesten sind die beiden Arten *C. annuum L.,* der eigentliche Paprika, eine einjährige, und *C. frutescens,* der Cayennepfeffer (Chilis), eine winterharte Pflanze. Es ist für den Laien schwer, beide zu unterscheiden, und in der Küche außerdem unerheblich. Kurioserweise ist Capsicum sowohl mit der Kartoffel als auch mit der Tomate verwandt – beides wichtige Pflanzen der neuen Welt.

Als die Spanier nach Amerika gelangten, waren dort eine Vielzahl von *Capsicum*-Arten heimisch. Seit dieser Zeit sind die Pflanzen um die ganze Welt gegangen, und heute gibt es mehr Sorten, als man sich vorstellen kann. Eine Allgemeinregel besagt: je größer die Schote, desto milder ist sie; je kleiner, desto schärfer. Die ganz scharfen werden auch als Chilis oder Cayennepfeffer bezeichnet. Daneben existiert auch „Chilipulver", bestehend aus „scharfem Capsicum", Oregano, Knoblauch und Kreuzkümmel. Cayennepfeffer ist aber stets rein, bestehend aus einer Mischung scharfer Chilisorten.

Thunfischpastete

ZUTATEN

175 g Thunfisch aus der Dose
1 Knoblauchzehe, zerdrückt
1/2 TL Cayennepfeffer
2 EL frischer Zitronensaft
50 ml Sahne
1 Tropfen Tabasco Sauce
frisch gehackte Petersilie
Salz und Pfeffer

ZUBEREITUNG

♦ Den Thunfisch abtropfen lassen.
♦ Mit allen anderen Zutaten mischen und zerdrücken.
♦ In eine Schüssel füllen und 3 Stunden in den Kühlschrank stellen.

— Cayennepfeffer —

Scharfe Truthahnkeulen

FÜR 4 PERSONEN

Ein gutes Rezept, um Reste eines großen Truthahnessens schmackhaft zu verbrauchen.

ZUTATEN

4 gegarte Truthahnkeulen oder Oberschenkel
geschmolzene Butter oder Margarine
geröstete Semmelbrösel
1 TL englisches Senfpulver
1 Prise gemahlener Ingwer
Salz
schwarzer Pfeffer
1 TL Cayennepfeffer

ZUBEREITUNG

♦ Das Fleisch mit einem scharfen Messer tief einschneiden und mit geschmolzener Butter bestreichen.
♦ Die Semmelbrösel in eine Schüssel geben und mit den restlichen Zutaten vermengen.
♦ Diese Mischung über die Fleischstücke und in die Schnittstellen streuen.
♦ Unter einem heißen Grill knusprig braun braten.
♦ Mit Butterstückchen und eventuell einer pikanten Sauce servieren.

Tomatensaft

ZUTATEN

400 g Tomaten
150 ml Wasser
Zucker zum Abschmecken
1/2 TL Cayennepfeffer
weißer Pfeffer zum Würzen
Salz

ZUBEREITUNG

♦ Die Tomaten in etwa löffelgroße Portionen teilen und mit Wasser und Zucker in einen Topf geben.
♦ 10–15 Minuten köcheln lassen, bis die Tomaten weich und zerfallen sind.
♦ Die Tomaten mit Wasser pürieren. Wenn der Saft zu dick ist, mehr Wasser dazugießen.
♦ Mit Cayennepfeffer, weißem Pfeffer und Salz würzen. Kühlen und servieren.

Artischocken mit würzigem Reis

ZUTATEN

2 kg Erdartischocken
Saft einer Zitrone
75 g Butter
750 ml gutgewürzte Gemüsebrühe
1 kleine Zwiebel, fein gehackt
150 g Reis
1/2 TL Cayennepfeffer
100 g Tomaten, geschält und gewürfelt
Salz und frisch gemahlener Pfeffer
50 g geriebener Hartkäse
gehackte Petersilie

ZUBEREITUNG

♦ Die Artischocken putzen und waschen.
♦ In Salzwasser mit dem Zitronensaft etwa 30 Minuten kochen, bis sie weich sind. Gut abtropfen lassen.
♦ Die Artischocken in etwas Butter wenden, ein wenig Brühe darübergeben und warmstellen.
♦ Die restliche Butter erhitzen, die Zwiebeln darin weichdünsten und Reis und Cayennepfeffer dazugeben. Umrühren und ein paar Minuten anbraten; nicht bräunen.
♦ Mit der restlichen Brühe aufgießen und 30–40 Minuten kochen lassen.
♦ Tomaten einrühren und weitere 5 Minuten kochen.
♦ Gewürze und Käse dazugeben.
♦ Die Masse in eine eingefettete Springform streichen, nach ein paar Minuten auf eine heiße Servierplatte stürzen.
♦ Die gekochten Artischocken auf den Reis geben, Petersilie darüberstreuen und sofort servieren.

— Chili —

CHILI CON CARNE ist angeblich eine Erfindung der amerikanischen Siedler, die mit ihren Planwagen nach Westen zogen. Wahrscheinlich übertönte der beißend scharfe Geschmack den Zustand des Fleisches, dem die Sonne und die Fliegen gehörig zugesetzt hatten. Und wenn das Fleisch aus war, dann warf man die eine oder andere Klapperschlange in den Topf. Heißt es, wohlgemerkt. Noch heute treffen sich landesweit in den Vereinigten Staaten patriotische Nostalgiker, um mit wilden Chili-Gelagen vergangenen Zeiten zu huldigen. Dabei scheiden sich die Geister: Die einen sagen, Bohnen sind im Chili con carne verboten, für die anderen ist es ein *Muß*! Und so entbrennt ein friedlicher Kochwettbewerb unter den Anhängern der scharfen Küche.

Aus verschiedenen Gründen schränken heute immer mehr Menschen bewußt ihren Fleischkonsum ein. Deshalb hier ein Rezept, das allen Wünschen gerecht wird und die gute, alte Planwagenzeit heraufbeschwört. Mit Bohnen natürlich!

— Chili —

Gemüsechili

Gemüsechili

FÜR 8 PERSONEN

ZUTATEN

1,5 l Gemüsebrühe
75 g Weizen
2 EL Olivenöl
4 Knoblauchzehen, zerdrückt
2 mittelgroße Zwiebeln, gehackt
3 Karotten, gehackt
5 Stangen Sellerie, gehackt
100 g grüne Bohnen, geschnitten
3 Tomaten, enthäutet und gehackt
2 grüne Paprikaschoten
1–2 frische rote Chilischoten, geputzt
(getrocknete rote Pfefferschoten genügen auch)
Saft einer Zitrone

ZUBEREITUNG

♦ Die Hälfte der Gemüsebrühe zum Kochen bringen.
♦ Den Weizen hineingeben, vom Feuer nehmen, zudecken und 15 Minuten stehen lassen.
♦ Das Öl in einer großen Pfanne erhitzen. Knoblauch und Zwiebeln langsam darin andünsten.
♦ Gewürze und Gemüse in die Pfanne geben und 10 Minuten anbraten.
♦ Weizen, Zitronensaft und die restliche Brühe dazugeben. Alles eine Stunde kochen. Eventuell Wasser ergänzen.

Chili mit Krebsen

FÜR 4 PERSONEN

ZUTATEN

100 ml Sesamöl
1 kg Krebsfleisch
2 Eier, geschlagen

SAUCE

1 EL Zucker
1 TL Salz
2 TL Tomatenketchup

„REMPAH“

2 Scheiben Ingwer
3 Knoblauchzehen
4 Chilischoten

ZUBEREITUNG

♦ Das Öl in einer Pfanne stark erhitzen.
♦ Das Krebsfleisch unter Rühren 2 Minuten kurz braten und herausnehmen.
♦ Zucker und Salz mit dem Ketchup verrühren.
♦ Ingwer, Knoblauch und Chilis gemeinsam zerstampfen.
♦ Das Krebsfleisch und die Sauce zu dem „Rempah“ geben.
♦ Die Mischung bei milder Hitze zum Kochen bringen.
♦ Die geschlagenen Eier einrühren und sofort servieren.

— Chili —

Mole poblano ist das nationale Feiertagsessen in Mexiko. Zur Zeit der spanischen Eroberung dieses Landes war ein *molli* jedes scharfe Gericht, gewürzt mit den zur Verfügung stehenden Chilis. Archäologen haben festgestellt, daß diese Speisen schon vor Jahrtausenden von Jahren vor der Ankunft Columbus' zubereitet wurden. *Mole Poblano* war dagegen ein Versuch, europäische Zutaten mit denen des Landes zu kombinieren. Die Azteken in Mexiko kannten Truthahn, Chilis, Schokolade und Erdnüsse. Die Europäer brachten Hühnchen, Mandeln und Zimt.

Die Vorstellung, Huhn mit Schokolade zu verzehren, erscheint etwas eigenartig. Als der spanische Eroberer Cortez Mexiko erreichte, war Schokolade eine Delikatesse, die nur für den Adel und die Priesterschaft bestimmt war. Bestimmt hat es der Aztekenherrscher Montezuma Cortez vorsetzen lassen. Wenn Sie also dieses Gericht zubereiten, denken Sie daran, welch edler Abstammung es ist.

Ein original *Mole Poblano* benötigt eine Reihe verschiedener Chili-Sorten, die nicht leicht erhältlich sind, sowie eine mühsame Prozedur mit einer Steinmühle. Deshalb haben wir das Rezept vereinfacht, ohne daß Sie auf den Geist Montezumas in Ihrer Küche verzichten müssen.

Zwiebelsalat

FÜR 4 PERSONEN

ZUTATEN

4 große Zwiebeln, fein gehackt
1 kleine grüne Chilischote, fein gehackt
1 Scheibe frischer Ingwer, fein gehackt
1 EL geriebene Kokosnuß
Saft einer halben Zitrone
Salz

ZUBEREITUNG

- ♦ Zwiebeln und Chili mischen.
- ♦ Die restlichen Zutaten hinzufügen und gründlich vermengen.

Eine köstliche Beilage zu kaltem Braten.

— Chili —

Einfaches Mole

ZUTATEN

1 großes Hühnchen, zerteilt
1 mittelgroße Zwiebel, grob gehackt
6 Tomaten, enthäutet, oder 375 g Dosentomaten
3 rote Chilischoten, entkernt und gehackt
2 Knoblauchzehen
30 g Sesamsamen
1/2 TL Koriandersamen
2 EL ganze Mandeln
2 EL Erdnüsse
1,5 cm Zimtstange, zerbrochen
2 EL Olivenöl
50 g Schokolade

ZUBEREITUNG

♦ Zwiebel und Hühnerteile in einen Topf geben. Würzen und mit Wasser bedecken. 20 Minuten zugedeckt köcheln lassen.
♦ Das Fleisch herausnehmen und abtropfen lassen. Die Brühe aufheben.
♦ Die gekochten Zwiebeln, Knoblauch, Chilis und Tomaten vermischen.
♦ Die Samen, Nüsse und Zimt mahlen.
♦ Olivenöl in einem schweren Topf erhitzen und die Hühnerteile darin braun braten.
♦ Die Tomaten und die Nußmischung dazugeben. 5 Minuten kochen.
♦ Die Hälfte der Hühnerbrühe und die Schokolade (in Stückchen gebrochen) in den Topf geben und bei milder Hitze rühren, bis die Schokolade geschmolzen ist.
♦ Zum Kochen bringen und köcheln lassen, bis das Fleisch gar ist.

— Chili —

Yucatan ist der südliche Teil Mexikos, der in den Golf von Mexiko ragt. Man findet hier einige der herrlichsten Ruinen der präkolumbianischen, amerikanischen Kultur. Lange bevor die Pyramiden oder die Chinesische Mauer errichtet wurden, bauten die Menschen hier Chilis an. Das Gewürz fand bei allen Zeremonien Verwendung und wurde sogar zur Bestrafung verwendet. Ungezogene Kinder ließ man den Rauch von brennenden Chilis einatmen. Eine brutale Methode, die jeder verurteilen wird, dem schon einmal in der Küche Chilischoten verbrannt sind und der den beißenden Rauch in die Lungen bekam.

Scharfe Gewürze enthalten die unterschiedlichsten Inhaltsstoffe, man spürt es im Mund. Pfeffer prickelt auf der Zungenspitze, Ingwer macht sich auf den Seiten der Zunge und auf dem Zungenrücken bemerkbar. Senf erzeugt ein Brennen im gesamten Rachenraum, Chilis dagegen brennen – auch in kleinsten Mengen – tief im Hals. Die Wirkung kann während des Essens verstärkt werden, auch wenn das Gericht anfangs gar nicht so scharf zu sein scheint. Also Vorsicht.

Knusprige Shrimps

FÜR 4 PERSONEN

ZUTATEN

400 g Shrimps, je kleiner, desto besser
Fleisch einer viertel Kokosnuß
1/2 TL Korianderpulver
1 TL Chilipulver
1/2 TL Pfeffer
1 TL Honig

ZUBEREITUNG

♦ Die Shrimps abspülen und abtropfen lassen.
♦ Das Kokosfleisch reiben.
♦ Die Kokosraspeln, die Gewürze und den Honig verrühren und die Shrimps dazugeben.
♦ Bei niedriger Hitze die Shrimpsmischung trocken braten (ohne Öl), bis die Shrimps knusprig sind.

Yucatan-Suppe

FÜR 6 PERSONEN

ZUTATEN

2 mittelgroße Zwiebeln, fein gehackt
400 g Tomaten, enthäutet und gehackt
6 grüne Chilischoten, entkernt und gehackt
6 Knoblauchzehen, zerstoßen
gehackter, frischer Koriander
11/2 l Wasser
600 g Weißfisch, filetiert und enthäutet
10 weiße Trauben

ZUBEREITUNG

♦ Gemüse, Kräuter und Gewürze in einen großen Topf geben.
♦ Mit Wasser aufgießen und zum Kochen bringen.
♦ Köcheln lassen, bis die Zwiebeln weich sind.
♦ Den Fisch hineingeben und 10–15 Minuten köcheln lassen.
♦ Die Trauben hinzufügen und weitere 10 Minuten kochen.

Sofort servieren. Frische, warmes Brot dazu reichen.

— ZIMT —

AUS SRI LANKA kommt der Großteil des echten Zimts, *Cinnamomum ceylanicum* (vergl. auch Kassiazimt, Seite 26). Die Methode, mit der er „geerntet" wird, hat sich seit Tausenden von Jahren nur wenig geändert. Der Zimtbaum wird heute mehrstämmig, also als Strauch gezogen. Die Zimternte geschieht in der Familie, wobei jedes Mitglied seine festgelegte Aufgabe hat. Am Morgen werden die jungen Sprosse geschlagen. Man bringt sie zu einer Hütte, *wadi* genannt. Zuerst wird die äußere Rinde entfernt und der Sproß mit einer Messingrute geschabt. Dann quetscht man die innere Rinde und entfernt sie. Sie wird auf Standardlänge zurechtgeschnitten und aufgerollt. Mehrere Rindenstücke werden zu einer „Stange" ineinandergeschoben. Anschließend werden die Stangen zum Trocknen ausgelegt.

Einer der größten Zimtimporteure ist Mexiko. Zimt wird hier mit Schokolade kombiniert, und die Mexikaner rühren ihre heiße Schokolade gern mit einer Zimtstange um. Ähnlich servieren die Italiener ihren Capuccino mit Schokolade und Zimt, in Skandinavien gehört er in den Weihnachtspunsch und die Österreicher verfeinern damit den süß-säuerlichen Geschmack ihres weltberühmten Apfelstrudels.

— Zimt —

Apfelkuchen mit Zimtstangen

ZUTATEN

TEIG

75 g Margarine
150 g Mehl
50 ml Wasser

FÜLLUNG

5 Äpfel, in Scheiben geschnitten
25 g Butter
1 1/2 EL Zucker
1 Zimtstange (ca. 7 cm), zerbrochen
1 Ei
50 ml Sahne

Elektroherd 200 °C, Gasherd Stufe 6

ZUBEREITUNG

♦ Teig: Margarine mit dem Mehl verkneten, mit Wasser zu einer Teigkugel formen.
♦ Eine flache Kuchenform (20 cm ∅) mit dem Teig auslegen. Mit Pergamentpapier bedecken und mit Trockenbohnen belegen. 20 Minuten backen.
♦ Äpfel, Butter, Zucker und Zimt schmoren, bis die Äpfel gerade weich sind.
♦ Die Äpfel abtropfen lassen und den Saft aufheben. Die Äpfel in die Teigform schichten.
♦ Ei, Saft und Sahne verrühren und über die Äpfel gießen.
♦ 20 Minuten backen.

— Zimt —

Apfelkuchen

ERGIBT 8 STÜCKE

ZUTATEN

KUCHEN

2 Eier
75 g Zucker
1 TL Vanilleessenz
75 ml Speiseöl
150 g Mehl
2 TL Backpulver
1 Prise Salz
3 EL Orangensaft

FÜLLUNG

6 Dessertäpfel, geschält, in Scheiben geschnitten
50 g Zucker
1 lange Zimtstange, zerbrochen
Zitronensaft

Elektroherd 180 °C, Gasherd Stufe 4

ZUBEREITUNG

♦ Eier mit Zucker und Vanille schlagen und das Öl einrühren.

♦ Mehl, Backpulver und Salz sieben und in die Eiermischung rühren. Langsam den Orangensaft zugeben.

♦ Die Hälfte des Eierteigs in eine eingefettete Backform (20 x 20 cm) geben.

♦ Füllung: Die Äpfel in dünne Scheiben schneiden und mit Zucker, Zimt und Zitronensaft vermengen.

♦ Diese Füllung auf dem Teig verteilen und mit dem restlichen Teig bedecken.

Süßkartoffelkuchen

FÜR 4–6 PERSONEN

Dieses Rezept stammt aus der Karibik. Süßkartoffeln (Bataten) kann man in Geschäften bekommen, die aisatische oder arabische Lebensmittel führen.

ZUTATEN

1 kg Süßkartoffeln
1 Ei, geschlagen
45 g Margarine
150 g brauner Zucker
1 gestrichener TL Salz
1 TL Zimt, gemahlen oder 1 Zimtstange, zerbrochen

Elektroherd 180 °C, Gasherd Stufe 4

ZUBEREITUNG

♦ Die Süßkartoffeln in leicht gesalzenem Wasser weichkochen.

♦ Die Kartoffeln pürieren.

♦ Das geschlagene Ei und die anderen Zutaten gut mit dem Püree verrühren.

♦ Die Masse in eine eingefettete, flache Backform füllen.

♦ Eine Stunde backen.

♦ Noch warm in Stücke schneiden.

Dattelmarmelade

ZUTATEN

etwa 1 kg entsteinte Datteln
725 ml Wasser
1 kg Einmachzucker
1 TL Zimt
1 TL Muskatpulver
geriebene Schale und Saft einer Zitrone
25 g Butter

ZUBEREITUNG

♦ Datteln und Wasser zum Kochen bringen. 10 Minuten köcheln lassen.

♦ Die restlichen Zutaten in den Topf geben und unter Rühren weiterkochen lassen.

♦ Wenn die Masse glatt und zäh ist, vom Feuer nehmen.

♦ In sterilisierte, warme Gläser füllen und zubinden.

— Nelken —

Nelken, auch Gewürznelken genannt, sind die getrockneten, ungeöffneten Knospen von *Syzygium aromaticum (= Eugenia caryophyllus),* ein immergrüner Baum, der ursprünglich nur auf den Molukken, den Gewürzinseln, zu finden war. Vor über zweitausend Jahren schrieb ein chinesischer Chronist, daß die Höflinge, wenn sie den Kaiser ansprachen, Nelken im Mund haben sollten, um ihren Atem zu versüßen. Die Chinesen entdeckten auch, daß Nelken Zahnschmerzen lindern. Ein Hauptwirkstoff ist das Eugenol, das wie ein mildes Betäubungsmittel wirkt.

In Indien waren Nelken noch früher bekannt als in China, in der römischen Welt wurden sie erst nach Pfeffer und Zimt verbreitet.

Die Portugiesen erreichten die Gewürzinseln im frühen 16. Jahrhundert, wurden aber ein Jahrhundert später von den Holländern verdrängt. Die Holländer riegelten die Inseln ab und erklärten es zum Verbrechen, das mit dem Tode bestraft würde, Nelkensamen auszuführen. 150 Jahre lang kontrollierten die Holländer den Nelken-Weltmarkt, bis ihr Embargo von den Franzosen gebrochen wurde.

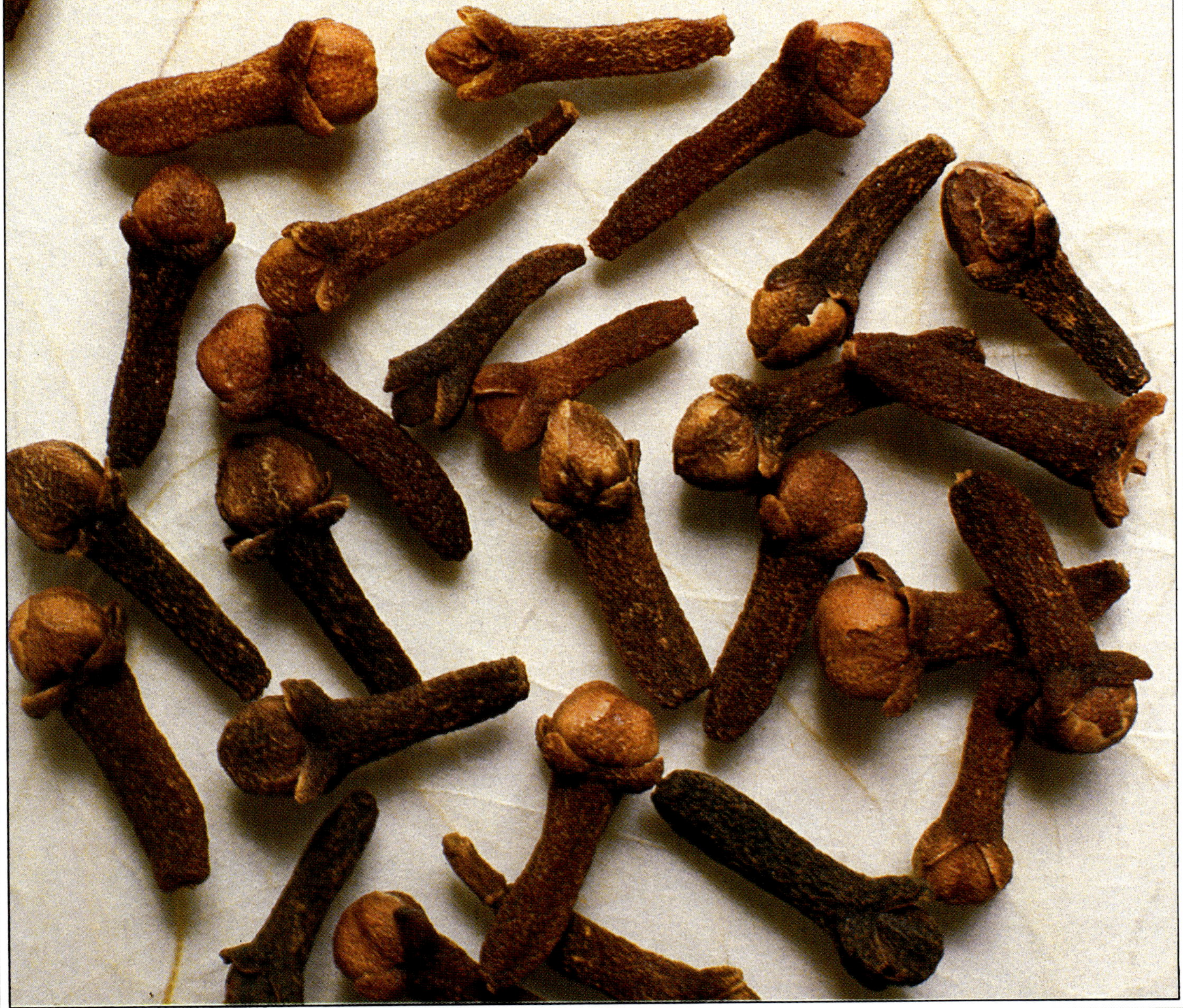

— Nelken —

Gnocchi

FÜR 4–6 PERSONEN

ZUTATEN

3 Nelken
1 mittelgroße Zwiebel
2 Lorbeerblätter
Petersilienstengel (von der gehackten Petersilie)
1 l Milch
100 g Grieß
100 g geriebener Hartkäse
50 g geriebener Parmesankäse
1 EL frische, gehackte Petersilie
Salz und schwarzer Pfeffer
1 Ei
Matzo-Mehl
Sonnenblumenöl zum Braten

ZUBEREITUNG

♦ Die Nelken in die Zwiebel stecken.
♦ Zwiebel, Lorbeerblätter und Petersilienstengel mit der Milch in einen Topf geben. Erhitzen, aber nicht kochen lassen.
♦ Den Topf vom Herd nehmen und alles 20 Minuten ziehen lassen.
♦ Abgießen und die Milch wieder erhitzen.
♦ Unter Rühren den Grieß dazugeben. Bei milder Hitze kochen, bis die Flüssigkeit eindickt.
♦ Vom Feuer nehmen, Käse und Petersilie einrühren, salzen und pfeffern.
♦ Die Masse auf einem nassen Teller ausstreichen und 2 Stunden in den Kühlschrank stellen.
♦ In 8 Teile schneiden, in geschlagenem Ei und Matzo-Mehl wenden.
♦ Goldbraun fritieren.

Mit einem knackigen Salat servieren.

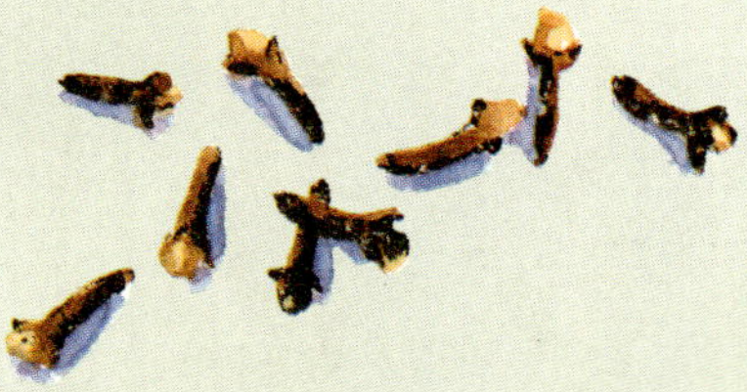

— Nelken —

Die Eingeborenen auf den Molukken, der Heimat der Nelken, pflegten eine mysthische Verbindung zu den Nelkenbäumen. Sie lieferten ihnen nicht nur ein Produkt, das an die arabischen und indonesischen Händler verkauft werden konnte, sie wurden auch quasi als Familienmitglieder betrachtet. Bei der Geburt eines Kindes pflanzte man einen Nelkenbaum. Man kann sich den Schock vorstellen, als die Holländer Zehntausende von Bäumen zerstörten, um ihr Monopol auf den Welthandel zu sichern. Schließlich wurde das Embargo von einem Franzosen mit dem originellen Namen Pierre Poivre – Peter Pfeffer – gebrochen!

Heute werden Nelken in großen Mengen in Sansibar, das einen Teil Tansanias ist, in Malagasy (Madagaskar) und auf der Karibikinsel Grenada gezogen.

Nelken wachsen auch noch auf den Molukken, die heute zu Indonesien gehören. Sie werden nur selten gegessen, man raucht sie lieber in den *Kretek*-Zigaretten.

Gebackener Schinken

ZUTATEN

1 Schinken
150 g Honig
3 Nelken pro Schinkenviereck
Elektroherd 170 °C, Gasherd Stufe 3

ZUBEREITUNG

♦ Den Schinken 12 Stunden einweichen, dann abtrocknen.
♦ Das überschüssige Fett abschneiden und den Schinken im Herd backen (20 Minuten pro 400 g).
♦ Eine halbe Stunde vor Ende der Garzeit herausnehmen, mit einem scharfen Messer die Schwarte abschneiden und in die Oberfläche des Schinkens Vierecke schneiden.
♦ Honig und braunen Zucker verrühren und den Schinken damit bestreichen.
♦ 3 Nelken in jedes Viereck stecken.
♦ Den Schinken wieder ins Rohr stellen und weitere 30 Minuten backen.

Zitronen- und Nelken-Kuchen

ZUTATEN

100 g Butter
75 g Zucker
2 Eier
125 g Vollkornmehl
1 TL Backpulver
Saft und geriebene Schale einer Zitrone
1/4 TL Nelken, gemahlen
2 EL Zitronenquark
50 g granulierter Zucker
Elektroherd 180 °C, Gasherd Stufe 4

ZUBEREITUNG

♦ Butter und Zucker schaumig rühren.
♦ Die Eier schlagen.
♦ Mehl und Backpulver sieben und mischen. Eier und Zitronenschale dazugeben und die Butter-Zucker-Mischung langsam einrühren.
♦ Die Nelken hineinstreuen.
♦ Den Zitronenquark gründlich unterrühren.
♦ Die Masse in eine eingefettete, bemehlte Kastenform füllen und 1 Stunde backen.
♦ Den Zucker in Zitronensaft auflösen und über den Kuchen gießen, wenn er aus dem Rohr kommt.
♦ Den Kuchen nach dem Abkühlen aus der Form nehmen.

Kalbfleisch „Clou de Giroffe"

FÜR 4 PERSONEN

ZUTATEN

800 g Reste vom Kalbsbraten
schwarzer Pfeffer
200 g Jarlsbergkäse, gerieben
2 TL Dijonsenf
1/3 TL Nelken, gemahlen
100 ml Sahne
Elektroherd 200 °C, Gasherd Stufe 6

ZUBEREITUNG

♦ Das Fleisch in Scheiben schneiden (1/2 cm) und in eine eingefettete Backform legen.
♦ Mit gemehlenem schwarzen Pfeffer bestreuen.
♦ Käse, Senf, Nelken und Sahne verrühren.
♦ Die Mischung über das Fleisch geben und glattstreichen.
♦ 6 Minuten im Herd überbacken.
♦ Dann im Grill goldbraun werden lassen und sofort servieren.

Khitichree

ZUTATEN

100 g Linsen
50 g Butter
1 mittelgroße Zwiebel, fein gehackt
1 TL Kreuzkümmel
1 Zimtstange (ca. 5 cm)
5 Nelken
1/4 TL Kurkuma
2 Kardamomkapseln
200 g Basmati-Reis, gewaschen und abgetropft
Salz

ZUBEREITUNG

♦ Die Linsen 30 Minuten einweichen.

♦ Die Butter erhitzen. Die Zwiebel anbraten und herausnehmen.

♦ Linsen und Gewürze in das heiße Fett geben. Unter Rühren 5 Minuten anbraten.

♦ Den Reis dazugeben. Rühren, bis der Reis am Topf zu kleben beginnt.

♦ Die Reismischung etwa 2,5 cm hoch mit Wasser bedecken. Salzen.

♦ Zum Kochen bringen und köcheln lassen, bis der Reis weich und das Wasser eingekocht ist.

♦ Auf eine Platte geben und mit der gebratenen Zwiebel garnieren.

— Koriander —

Der Name ist von dem griechischen Wort *koros* abgeleitet, das „Wanze“ bedeutet. Es bezieht sich sowohl auf den etwas unangenehmen Geruch der unreifen Früchte, der aber mit dem Reifeprozeß verschwindet. Sowohl die Stengel als auch die Blätter sind vielseitig verwendbar. Die Chinesen sind zwar nicht gerade berühmt für die Vielfalt ihrer Kräuter und Gewürze, aber den Koriander schätzen sie so sehr, daß sie seine kleinen Blättchen als Salat anmachen.

Die Pflanze, *Coriandrum sativum,* wächst überall auf der Welt, aber nur die kleinen Früchtchen sind als Handelsware interessant. Hauptexporteure sind die Sowjetunion, Rumänien, Bulgarien und Marokko.

Bei mehreren Völkern herrscht – unabhängig voneinander – die Ansicht, daß Koriander kein schlechtes Aphrodisiakum ist. Seien Sie also auf der Hut!

— KORIANDER —

Frischer Koriander und neue Kartoffeln

FÜR 4 PERSONEN

ZUTATEN

1 kg kleine neue Kartoffeln
50 g Butter
4 Frühlingszwiebeln
1 Bund frischer Koriander, fein gehackt
Salz und Pfeffer

ZUBEREITUNG

♦ Die Kartoffeln gerade weich kochen, abtropfen lassen und warmstellen.

♦ Die Butter in dem ausgespülten Topf erhitzen.

♦ Die Zwiebeln darin weichdünsten und den Koriander dazugeben.

♦ Die Kartoffeln wieder in den Topf füllen und alles gut vermengen. Mit Salz und Pfeffer würzen.

— Koriander —

Seekh Kebab

FÜR 4 PERSONEN

ZUTATEN

GARNIERUNG

1 Zitrone
1 Zwiebel
1 Tomate
1 Ei
400 g Rinderhackfleisch
1 TL Koriander, gemahlen
1/2 TL Chilipulver
1/2 TL Kreuzkümmel
2 Knoblauchzehen, zerdrückt
1/2 TL Garam Masala (siehe Seite 124)
Salz
1 Zwiebel, zu einer Paste zerdrückt
Semmelbrösel (nach Wunsch)
2 EL Öl

ZUBEREITUNG

♦ Die Zitrone in Scheiben schneiden. Kerne entfernen.
♦ Die Zwiebel in Ringe schneiden.
♦ Die Tomate enthäuten und alles beiseite stellen.
♦ Das geschlagene Ei und das Hackfleisch in einer Schüssel vermengen.
♦ Gewürze, zerdrückte Zwiebel, Salz und Pfeffer und die Semmelbrösel dazugeben und gut durchkneten.
♦ Hände und Schaschlikspieße einölen.
♦ Das Fleisch zigarrenförmig um die Spieße wickeln.
♦ Mit Öl bestreichen und im Grill gleichmäßig braun braten.
♦ Mit Zitrone, Tomate und Zwiebelringen garniert servieren.

Masoor Dal

FÜR 4 PERSONEN

ZUTATEN

150 g rote Linsen
1 mittelgroße Zwiebel, fein gehackt
1/2 TL Chilipulver
1 TL Koriander, gemahlen
5 TL geklärte Butter
1 TL gemahlener Kreuzkümmel
1 Prise Kurkuma
Korianderblätter, gehackt
1/2 grüne Chilischote, gehackt

ZUBEREITUNG

♦ Die Linsen gründlich waschen.
♦ Linsen, Chilipulver, gemahlenen Koriander und die Hälfte der Zwiebel in einen großen Topf mit Wasser geben und zum Kochen bringen. Köcheln lassen, bis die Linsen weich sind. Gelegentlich Schaum abschöpfen.
♦ Inzwischen die Butter erhitzen und die restliche Zwiebel mit Kreuzkümmel und Kurkuma anbraten.
♦ Zu den Linsen geben. Darauf achten, daß das Fett nicht spritzt.
♦ Mit Korianderblättern und grünem Chili garnieren.

Ratatouille

FÜR 4 PERSONEN

ZUTATEN

5 Tomaten
2 Auberginen
Salz
1 große grüne Paprikaschote
5 Zucchini
3 EL Olivenöl
2 Zwiebeln, gehackt
2 Knoblauchzehen, zerdrückt
1 Tropfen Tabasco Sauce
10 Korianderkörner

ZUBEREITUNG

♦ Die Tomaten enthäuten und backen.
♦ Die Auberginen in Scheiben schneiden und salzen. In ein Sieb legen und abtropfen lassen.
♦ Die Paprikaschote putzen und in Ringe schneiden.
♦ Die Zucchini in Scheiben schneiden.
♦ Das Öl erhitzen, Knoblauch und Zwiebeln anbraten.
♦ Die Auberginen abwaschen und mit Küchenkrepp abtrocknen.
♦ Alles Gemüse und die Gewürze zu den Zwiebeln und dem Knoblauch geben.
♦ Tabasco Sauce und Koriandersamen in den Topf geben, Deckel auflegen und alles 40 Minuten köcheln lassen.

— KORIANDER —

Würziger Bohnensalat

FÜR 6 PERSONEN

ZUTATEN

75 ml Olivenöl
1 1/4 EL Weinessig
1/4 TL frisch gemahlene Korianderkörner
1/4 TL frisch gemahlener Kreuzkümmel
1/4 TL Chilipulver
1 Knoblauchzehe, zerdrückt
200 g gekochte rote Kidney Bohnen
1/2 Gurke, geschält und in Stücke geschnitten

ZUBEREITUNG

♦ Olivenöl, Essig und Gewürze vermischen.
♦ Die Mischung über die noch warmen, frisch gekochten Bohnen gießen.
♦ Die Gurkenstücke dazugeben und mischen.
♦ Die Bohnen und die Gurke in der Sauce ziehen lassen.
♦ Überschüssige Flüssigkeit vor dem Servieren abgießen.

— Kreuzkümmel - Cumin —

In den letzten Jahren sind in England indische Restaurants so zahlreich geworden, daß heute fast schon jeder Brite einmal ein Tandoori-Hühnchen gegessen hat. Der *Tandoor* ist ein vasenförmiger Herd aus Ton, auf dessen Boden sich glühende Holzkohle befindet. Ein Huhn, das darin zubereitet wird, ist immer würzig, scharf und von appetitlich roter Farbe.

Die allerwenigsten Menschen werden solch einen Tandoor zu Hause haben, deshalb wurde das umseitige Rezept auf das übliche Backrohr abgestimmt. Es ist für indische Köche selbstverständlich, daß auch Fische im Tandoor zubereitet werden. Wir haben deshalb eine Sorte ausgewählt, die überall erhältlich ist und köstlich schmeckt.

Nach diesem Rezept wird der Fisch jedoch nicht Tadoori-rot. Oft wird Speisefarbe empfohlen, um diesen alten und ehrbaren Effekt zu erzielen. Wir glauben aber nicht, daß dies unbedingt sein muß.

An dieser Stelle sei darauf hingewiesen, daß oft in sogenannten „Spezialitätenrestaurants“ dieser Trick angewandt wird und die Gerichte nicht aus dem Tandoor, sondern aus dem Mikrowellenherd kommen.

Kreuzkümmel, botanisch *Cuminum cyminum,* ist ein Lieblingsgewürz der griechischen, arabischen und türkischen Küche. Er paßt gut zu Auberginen. Erhitzen Sie Kreuzkümmel und die anderen Gewürze in diesem Buch vor Gebrauch in einer Pfanne ohne oder mit ein wenig Öl. So entfalten sie besser ihr Aroma.

— KREUZKÜMMEL —

Tandoori-Seezunge

ZUTATEN

2 TL Kreuzkümmel
1/2 TL Kurkuma
1/2 TL Nelken
1/2 TL Kardamomsamen
1/2 TL Chilipulver
1/2 TL gemahlener schwarzer Pfeffer
1/2 TL gelbe Senfkörner
1 mittelgroße Zwiebel, gehackt
2 Knoblauchzehen, fein gehackt
225 ml Joghurt
6 Seezungenfilets, enthäutet, oder ein anderer Weißfisch
Elektroherd 180 °C, Gasherd Stufe 4

ZUBEREITUNG

♦ Alle Gewürze zusammen mahlen und mit Knoblauch und Zwiebel vermengen.
♦ In den Joghurt rühren.
♦ Den Fisch 6 Stunden in die Joghurtmarinade legen.
♦ Herausnehmen, in Alufolie wickeln und 30 Minuten im Rohr backen.

VARIANTE

Dieses Rezept eignet sich auch für Hühnchen. Doppelte Joghurtmenge verwenden, 12 Stunden marinieren und 1 Stunde backen.

— Kreuzkümmel —

Felafel

FÜR 4 PERSONEN

Dies ist die israelische Version des Felafel. Die Ägypter verwenden getrocknete breite, weiße Bohnen (Fava Bohnen) statt der Kichererbsen.

ZUTATEN

200 g Kichererbsen
1 große Zwiebel, fein gehackt
1 Knoblauchzehe, zerdrückt
1 EL Petersilie, fein gehackt
1 TL Kreuzkümmel
1 TL gemahlener Koriander
1 TL Backpulver
Salz
1 Prise Cayennepfeffer
Vollkornmehl
Speiseöl zum Braten

ZUBEREITUNG

♦ Die Kichererbsen über Nacht in kaltem Wasser einweichen. Etwa 1 Stunde in ungesalzenem Wasser kochen, bis sie weich sind.
♦ Abtropfen lassen und durch eine Mühle drehen.
♦ Alle Zutaten hinzufügen und alles noch einmal durch die Mühle drehen. Die Masse eine halbe Stunde in den Kühlschrank stellen.
♦ Je einen Löffel voll zu kleinen flachen Kuchen formen. Weitere 15 Minuten stehen lassen.
♦ Die Kuchen im Vollkornmehl wälzen und im heißen Öl von beiden Seiten braun anbraten.

Brot, Salate und Tahini-Salat dazu reichen.

Tahini-Salat

FÜR 4 PERSONEN

Wenn man die Zutaten in einen Mixer gibt, erhält man eine glattere Paste. Fügt man 100 ml Joghurt hinzu, wird die Paste sahniger und das Aroma verbessert.

ZUTATEN

2 Knoblauchzehen
Salz
Saft von 2 Zitronen
125 ml Tahini-Paste
1/2 TL Kreuzkümmel
2 EL Petersilie, gehackt, zum Garnieren

ZUBEREITUNG

♦ Knoblauch mit Salz zerstoßen und mit etwas Zitronensaft in eine große Schüssel geben.
♦ Tahini-Paste dazugeben, gut mischen, den restlichen Zitronensaft darübergießen und mit dem Schneebesen gründlich schlagen.
♦ Mit Salz und Kreuzkümmel würzen.
♦ Falls die Masse zu fest ist, ein paar Tropfen Wasser dazugeben.
♦ Mit Petersilie garnieren.

— KREUZKÜMMEL —

Linsensuppe

FÜR 4 PERSONEN

ZUTATEN

200 g rote Spaltlinsen
1 1/2 l Fleischbrühe
1 große Zwiebel, geschält und gehackt
1 Selleriestange, fein gehackt
1 Karotte, gehackt
25 g Butter
3 Scheiben dunkles Brot, in Würfel geschnitten
Speiseöl zum Braten
4 Knoblauchzehen, zerdrückt
2 TL gemahlener Kreuzkümmel
Salz
gemahlener Pfeffer

ZUBEREITUNG

♦ Die Linsen mehrmals waschen und abspülen. Mit der Brühe, der Zwiebel, Karotte und Sellerie in einen großen Topf geben. Zum Kochen bringen und 1/2 Stunde köcheln lassen, bis die Linsen weich sind.
♦ Mit einem Handmixer pürieren und die Butter dazugeben.
♦ Das Brot in Öl rösten, um Croutons zu schneiden. Wenn es hellbraun wird, den zerdrückten Knoblauch hinzufügen.
♦ Die pürierte Suppe wieder erhitzen, mit Kreuzkümmel, Salz und Pfeffer würzen. 5 Minuten köcheln lassen.
♦ Croutons darüberstreuen und servieren.

Weh euch, Schriftgelehrte und Pharisäer,
ihr Heuchler, die ihr verzehntet die Minze, Dill
und Kümmel und lasset dahinten das Schwerste im Gesetz,
nämlich das Gericht, die Barmherzigkeit und den
Glauben . . .
Matthäus 23, 23

TROTZ DIESER strengen Verurteilung wollen wir die Angelegenheiten der Gesetzgebung und Rechtsprechung berufeneren Männern überlassen und uns wieder dem Gewürz zuwenden. Kreuzkümmel wird in der Bibel häufig erwähnt, und er ist ein sehr altes und edles Gewürz. Seine Ursprünge konnten bis ins obere Niltal zurückverfolgt werden, aber heute wächst er fast überall. Die alten Römer verwendeten ihn so reichlich wie wir heute Pfeffer. Im Mittelalter war er für die Europäer unentbehrlich, jetzt aber hat ihm der schwarze, weniger scharfe Kümmel den Rang abgelaufen. Man ist der Ansicht, daß die mittelalterliche Küche in Europa der in Indien sehr ähnlich war und daß sich erst mit der Einführung des Herdes in Europa die Kochgewohnheiten und die Zutaten änderten.

Die Inder haben beharrlicher an ihren Traditionen festgehalten, deshalb ist Kreuzkümmel immer noch ein häufig verwendetes Gewürz. Er verleiht den Curry-Mischungen erst ihren typischen Geschmack.

Babagannouch ist weder europäisch noch indisch, sondern eine Kreation aus dem Mittleren Osten, der Heimat des Kreuzkümmels.

— Kreuzkümmel —

Babagannouch

ZUTATEN

3 Auberginen
4 Knoblauchzehen
2 EL Tahini-Paste
1/2 TL Chilipulver
1/2 TL Kreuzkümmel
Saft von 3 Zitronen
Salz
gehackte Petersilie
Oliven

ZUBEREITUNG

♦ Die Auberginen grillen, bis die Haut beginnt schwarz zu werden.
♦ Etwas abkühlen lassen und die verbrannte Haut abziehen.
♦ Alle Zutaten vermischen.
♦ Mit Oliven und Petersilie garnieren.

Warm servieren. Pittabrot dazu reichen.

— CURRY —

DIE FRAGE nach der Echtheit von Curry ist eine der großen Belanglosigkeiten unserer Zeit. Currymischungen sind heute auf der ganzen Welt verbreitet. Sie basieren auf der indischen Küchentradition und wurden wahrscheinlich von Europäern erfunden. Das Wort soll von dem tamilischen *keri* abgeleitet sein. Wohlgemerkt: soll. Andere sagen, *keri* bedeutet Marktplatz oder Basar, andere wieder meinen, es steht für alles, was mit Joghurt zubereitet wird.

Während der Kolonialzeit hatten die Engländer Probleme mit der Ernährung ihrer einheimischen Truppen. Die Moslems aßen kein Schweinefleisch, manche Hindus aßen Fleisch, andere dagegen waren Vegetarier. Also kreierte man eine Sauce, in die man das Brot tauchen und die man über den Reis geben konnte. Hierin liegt der Ursprung aller Currygerichte.

Die Curry-„Idee“ ist überall verbreitet. Curryziege ist das Nationalgericht Jamaicas, und Currygerichte sind zur guten japanischen Hausmannskost geworden.

Durch lange Erfahrung und viele Versuche sind Gewürzmischungen, die heute pauschal als Curry bezeichnet werden, auf der ganzen Welt im Geschmack annähernd gleich. Mahlen und mischen Sie aber doch einmal nach den Rezepturen in diesem Buch Ihr eigenes Currypulver und experimentieren Sie mit wechselnden Zusammensetzungen. Das macht Ihnen garantiert viel Spaß.

Schweinefleisch-Curry

ZUTATEN

1 TL Tamarindenmus
50 g geklärte Butter oder Öl
2 mittelgroße Zwiebeln, in dünne Scheiben geschnitten
3 Knoblauchzehen, zerdrückt
1 EL Essig
400 g Schweinefleisch, in Würfel geschnitten
3/4 TL Currypulver (siehe Seite 124)
225 ml Wasser
1 TL Salz zum Würzen

ZUBEREITUNG

♦ Das Tamarindenmus in der Hälfte des Wassers einweichen, ausdrücken und die Flüssigkeit abseihen.
♦ Das Fett erhitzen und die Zwiebeln anbraten.
♦ Tamarindenwasser, Knoblauch und Essig dazugeben. Dünsten.
♦ Das Fleisch hinzufügen und von allen Seiten gut anschmoren.
♦ Currypulver darüberstreuen und 3 Minuten mitbraten.
♦ Das restliche Wasser dazugießen, salzen und köcheln lassen, bis das Fleisch gar ist.

— CURRY —

Hühnchen-Curry

FÜR 4 PERSONEN

ZUTATEN

1 mittelgroßes Hühnchen, zerteilt, enthäutet
2 Knoblauchzehen, gehackt
1 TL Kurkuma
1 Zwiebel, fein gehackt
4 Bananen, wenn möglich, sehr grün
2 Scheiben Ingwer, fein gehackt
2 Lorbeerblätter
frischer Zitronensaft zum Würzen
450 ml Wasser
1 EL Currypulver (siehe Seite 124)
Stärkemehl

ZUBEREITUNG

♦ Die Hühnchenteile mit einer Gabel einstechen und mit einer Mischung aus Knoblauch und Kurkuma einreiben.
♦ Die Hälfte der Zwiebel weichdünsten. Die Hühnchenteile dazugeben, braten, bis sie weich und gebräunt sind.
♦ Jede Banane längs durchschneiden.
♦ Jeweils mit Ingwer bestreuen und in einer beschichteten Pfanne mit einem Lorbeerblatt braten.
♦ Mit Zitronensaft übergießen.
♦ Die Currysauce getrennt servieren.

CURRYSAUCE

♦ Die restliche Zwiebel anbraten. Wenn sie weich ist, das Currypulver dazugeben und unter Rühren 5 Minuten garen.
♦ Wasser und das andere Lorbeerblatt hinzufügen.
♦ Kochen lassen, bis die Sauce dickflüssig wird. Falls nötig, etwas Stärkemehl einrühren.

Kalan

FÜR 6 PERSONEN

Dieses südindische Gericht sollte am Abend vor dem Verzehr zubereitet werden. Es ist ein sehr flüssiges Gericht und paßt am besten zu Reis.

ZUTATEN

150 g Kokosraspel
900 ml Buttermilch
2 große Zucchini
100 ml Wasser
2 EL Sesamöl
1 TL Senfkörner
1 EL gemahlene Zwiebel
1/2 TL Currypulver (siehe Seite 124)
Salz

ZUBEREITUNG

♦ Kokosraspel und Buttermilch verrühren und beiseitestellen.
♦ Zucchini in 1 cm große Würfel schneiden und 30 Minuten stehen lassen.
♦ Waschen und abtropfen lassen. In Wasser bei milder Hitze weichkochen. Vom Herd nehmen. Das Wasser abgießen.
♦ Die Buttermilchmischung dazugeben und zum Kochen bringen. Hitze abschalten und den Topf zugedeckt stehen lassen.
♦ Das Öl in einem kleinen, zugedeckten Topf sehr stark erhitzen. Die Senfkörner darin rösten, aber nicht verbrennen lassen.
♦ Zwiebelpüree und Currypulver hinzufügen.
♦ Diese Mischung in den Topf mit den Zucchini geben.

Tofu-Burgers mit Curry

FÜR 8 PERSONEN

ZUTATEN

1/2 Zwiebel, fein gehackt
1 Stange Sellerie, fein gehackt
1 grüne Paprikaschote, fein gehackt
200 g Tofu
30 g Matzo-Mehl
Salz
2 EL Sojasauce
2 TL Currypulver (siehe Seite 124)
1 Ei, geschlagen
Weizenkeime
2 EL Maisöl
Elektroherd 160 °C, Gasherd Stufe 4

ZUBEREITUNG

♦ Zwiebel, Sellerie und Paprika weichdünsten.
♦ Tofu in einem Sieb abtropfen lassen und mit einer Gabel zerdrücken.
♦ Mit Matzo-Mehl, Salz und Sojasauce verrühren.
♦ Das gedünstete Gemüse, Currypulver und das Ei darunter mischen.
♦ Aus der Masse kleine Fladen formen und diese in den Weizenkeimen wenden.
♦ Entweder in heißem Öl ausbacken oder im Rohr 30 Minuten backen, bis sie braun sind.

— BOCKSHORNKLEE —

WENN IHNEN dieses vielseitige Gewürz schon einmal begegnet ist, dann wahrscheinlich in einem Curry-Gericht. Bockshornklee, botanisch *Trigonella foenum-graecum,* schmeckt etwas bitter und ein wenig nach Sellerie. Wie viele bekannte Gewürze des Subkontinents wurde er in der Antike zuerst auch im Mittleren Osten angebaut. Griechen und Römer lobten ihn gleichermaßen als Medizin und Gewürz. Bockshornklee wächst heute auch in gemäßigteren Klimazonen und wird als Gartenkraut immer beliebter. Die Blätter können sehr bitter sein, die Sprosse aber ergeben einen guten Salat.

Die Samen sind klein und sehr hart und lassen sich schlecht mahlen, am besten, man erhitzt sie vor dem Mahlen. Zum Glück sind sie sehr ausgiebig.

Das Gewürz gehört zu den Hülsenfrüchten und hat einen hohen Proteingehalt. In Ostafrika werden die Samen gekocht und wie Bohnen gegessen. Sie sollen besonders für Schwangere sehr empfehlenswert sein. Bei vielen Völkern gilt Bockshornklee außerdem als vorbeugendes Mittel gegen Haarausfall. Ob er diesen verhindern kann, ist uns nicht bekannt.

— BOCKSHORNKLEE —

Parsee Dhansak

ZUTATEN

400 g Linsen
400 g mageres Rindfleisch
2 große Zwiebeln, fein gehackt
2 Auberginen, grob gehackt
1 grüne Paprikaschote, fein gehackt
2 Kartoffeln, geschält und grob gehackt
400 g Spinat, gewaschen und gehackt
25 g Butter oder geklärte Butter
5 Knoblauchzehen, zerdrückt
1 EL Bockshornkleesamen
1 EL Kreuzkümmel
1 TL Chili
1 EL Koriander
1 TL Minze
Salz

ZUBEREITUNG

♦ Die Linsen waschen und mit dem Fleisch in einen Topf geben.
♦ Das gehackte Gemüse, bis auf den Knoblauch, dazugeben und mit Wasser bedecken.
♦ Zum Kochen bringen und köcheln lassen, bis das Gemüse und das Fleisch weich sind.
♦ Das Fleisch herausnehmen. Gemüse und Linsen vermischen.
♦ Die Butter erhitzen. Knoblauch, Bockshornkleesamen, Kreuzkümmel, Chili, Koriander und Minze anbraten.
♦ Linsen und Fleisch dazugeben und langsam zum Kochen bringen. Mit Salz würzen.

Mit Reis und Zwiebelsalat (siehe Seite 34) servieren.

Chicoree-Walnuß-Salat

FÜR 4 PERSONEN

ZUTATEN

3 Chicoreeköpfe
1 Sellerieknolle
3 Zwiebeln, fein gehackt
25 g gekeimte Bockshornkleesamen
1 Packung Kresse
50 g gehackte Walnüsse
150 ml Sauce Vinaigrette

ZUBEREITUNG

♦ Chicoree und Sellerie waschen und in Scheiben schneiden.
♦ Mit den anderen Zutaten mischen.
♦ Kurz vor dem Servieren die Sauce darübergeben und den Salat mischen.

Bockshornklee-Kartoffeln

FÜR 4 PERSONEN

ZUTATEN

400 g neue Kartoffeln
1/2 TL Kurkuma
2 EL Olivenöl
1 Prise Cayennepfeffer
350 g Bockshornkleesprossen
Salz

♦ Kartoffeln in der Schale kochen, nicht zu weich werden lassen.
♦ Abtropfen und abkühlen lassen. In große Würfel schneiden.
♦ Kartoffeln und Kurkuma in Öl anbraten.
♦ Cayennepfeffer, Bockshornklee und Salz dazugeben. Deckel auflegen und alles 5 Minuten köcheln lassen.

— BOCKSHORNKLEE —

Goa Garnelen-Curry

FÜR 4 PERSONEN

ZUTATEN

2 EL Kokosraspeln
8 getrocknete scharfe rote Chilischoten
2 EL Koriander
20 Bockshornkleesamen
1 TL Senfkörner
8 Knoblauchzehen, zerdrückt
Salz
1 TL Kreuzkümmel
1 TL Kurkuma, gemahlen
1 TL frischer Ingwer
1 mittelgroße Zwiebel, gehackt
50 g Butter oder geklärte Butter
250 ml Kokosmilch
30 ml Tamarindenwasser (siehe Seite 55, Schweinefleisch-Curry)
400 g Garnelen
1 TL Paprikapulver
1 TL Garam Masala (siehe Seite 124)

ZUBEREITUNG

♦ Die Kokosraspeln in 2 EL heißem Wasser einweichen.
♦ Kokosraspeln, Chilis, Korianderkörner, Bockshornkleesamen, Senfkörner, Knoblauch, Salz, Kreuzkümmel, Kurkuma und Ingwer im Mixer pürieren.
♦ Die Zwiebel im Fett glasig dünsten.
♦ Die Gewürzmischung dazugeben und alles erhitzen, bis es würzig zu duften beginnt. Dann Kokosmilch und Tamarindenwasser aufgießen. 5 Minuten köcheln lassen.
♦ Garnelen, Paprika und Garam Masala dazugeben. Rühren, bis die Sauce dickflüssig ist.

— Garam masala —

Wenn sie Streit suchen, dann verwickeln Sie einen indischen Koch in eine Diskussion über die jeweiligen Vorzüge von Currypulver und Garam Masala. In einem durchschnittlichen indischen Haushalt werden Sie nicht immer Currypulver finden, mit Sicherheit aber Garam Masala. Curry verfälschte die indische Küche, um sie der Bequemlichkeit der indischen Kolonialmacht anzupassen. Garam Masala dagegen ist eine original indische Gewürzmischung und bedeutet „wärmende Gewürze". Es gibt kein „typisches" Garam Masala. In der Praxis stellt jede indische Familie die Anteilsmenge und die Zutaten selbst zusammen. Die Mischung kann sich je nach Saison und der Art der Speisen, als auch von Familie zu Familie ändern.

Garam Masala ist selten das einzige Gewürz in einem Gericht. Im Gegensatz zu dem meist scharfen Curry, der von Anfang an mitkocht, wird Garam Masala erst gegen Ende der Kochzeit dazugegeben, um den Geschmack abzurunden.

Manche Kochbuchautoren sind der Ansicht, daß Garam Masala der Vorläufer des Currypulvers gewesen sei. Dem wiederum widersprechen indische Autoren – die beiden haben nichts miteinander zu tun.

Erhitzen Sie alle Gewürze vor dem Mahlen und bewahren Sie ihr Garam Masala luftdicht verschlossen auf.

— GARAM MASALA —

Samosas

ZUTATEN

FÜLLUNG

50 g geklärte Butter, oder geschmolzene Butter
1 Zwiebel, gehackt
1 TL Koriander, gemahlen
1 TL frische Ingwerwurzel, gehackt
200 g Kartoffeln, gekocht (noch fest), gewürfelt
100 g Erbsen
1 TL Garam Masala (siehe Seite 124)
Salz
2 EL Wasser

TEIG

200 g Mehl
Salz
25 g Butter, geschmolzen, oder geklärte Butter
4 EL Joghurt
Öl zum Braten

ZUBEREITUNG

♦ Füllung: Das Fett erhitzen und die Zwiebeln weichdünsten. Koriander und Ingwer hinzufügen.
♦ Kartoffeln und Erbsen dazugeben und bei milder Hitze 5 Minuten anbraten.
♦ Mit Garam Masala und Salz würzen und kochen, bis die Flüssigkeit verdunstet ist.
♦ Teig: Mehl und Salz in eine Schüssel sieben, Butter und Joghurt dazugeben.
♦ Zu einem weichen Teig verkneten, mit einem Tuch bedecken und 35 Minuten stehen lassen.
♦ Den Teig nochmal kneten und dann kleine Kugeln daraus formen.
♦ Jede dritte Kugel auf einem bemehlten Brett etwa zur Größe einer Untertasse ausrollen. Jede Teigscheibe halbieren.
♦ Die geraden Kanten mit Wasser anfeuchten und den Teig zu Tüten formen. 2 TL der Füllung in jede Tüte füllen, die anderen Kanten anfeuchten und gut verschließen.
♦ Fritieren, bis sie goldbraun sind.

Koftas

FÜR 4 PERSONEN

Koftas können als Vorspeise oder mit Safranreis als Hauptgericht serviert werden. Die Currysauce (siehe Seite 56) paßt sehr gut dazu.

ZUTATEN

1/2 grüne Paprikaschote, geputzt und fein gehackt
1 Zwiebel, fein gehackt
400 g Hackfleisch vom Rind, Lamm, Huhn oder Schwein
2 EL Joghurt
2 EL Brunnenkresseblätter, gehackt
1 TL Garam Masala (siehe Seite 124)
Öl zum Fritieren

ZUBEREITUNG

♦ Alle Zutaten gründlich vermengen.
♦ Aus der Masse walnußgroße Kugeln formen.
♦ Das Fett sehr stark erhitzen und die Fleischklößchen fritieren.

— GARAM MASALA —

Hühnchen Garam Masala

FÜR 4 PERSONEN

ZUTATEN

200 g gehackte Zwiebeln
1 EL frischer Ingwer
2 Knoblauchzehen
45 g Butter oder geklärte Butter
1 TL Kreuzkümmel
1 TL Koriander, gemahlen
1 TL Kurkuma
1 TL Chilipulver
1 TL Salz
100 g Tomaten, enthäutet und gehackt
1 mittelgroßes Hühnchen, zerteilt und enthäutet
2 EL Koriander, gehackt
1 TL Garam Masala (siehe Seite 124)
500 ml Wasser

ZUBEREITUNG

♦ Zwiebeln, Ingwer und Knoblauch zu einer glatten Paste pürieren.

♦ Butter in einem schweren Topf erhitzen. Die Paste hineingeben und unter Rühren goldbraun anbraten. 1 EL Wasser dazugeben (falls notwendig, auch mehr), damit sie nicht anbrennt.

♦ Kreuzkümmel, Koriander, Kurkuma, Chilipulver und Salz hinzufügen und gut umrühren.

♦ Die Tomaten in den Topf geben und kochen, bis nur noch das Fruchtfleisch übrig ist. Eventuell wieder etwas Wasser zugeben.

♦ Die Hühnchenteile vorsichtig hineinlegen. Unter Rühren kochen, bis das Fleisch goldbraun wird und das Aroma der Gewürze angenommen hat.

♦ Das Wasser dazugießen, damit Sauce entsteht.

♦ Deckel auflegen und bei milder Hitze 35 Minuten garen, bis das Fleisch weich ist. Es soll aber nicht von den Knochen fallen.

♦ Garam Masala und gehackten Koriander darüberstreuen. Wieder zudecken und weitere 10 Minuten garen.

Gurken-Raita

ZUTATEN

1 Gurke, geschält und gehackt
1 TL Salz
375 ml Joghurt
2 grüne Chilischoten, gehackt
1/2 TL Chilipulver
1/2 TL Garam Masala (siehe Seite 124)

ZUBEREITUNG

♦ Die Gurke mit Salz bestreuen und eine Stunde ziehen lassen.
♦ Die Flüssigkeit abgießen.
♦ Gurke und Chilis mit dem Joghurt verrühren.
♦ Die Masse in eine Schüssel füllen, mit Chilipulver und Garam Masala bestreuen.
Gekühlt servieren.

— Knoblauch —

Knoblauch, *Allium sativum* . . . In den beiden letzten Jahrzehnten ist sein Stern schneller und höher gestiegen als der jedes anderen Gewürzes. Er ist zur Fortpflanzung auf den Menschen angewiesen. Vielleicht ist andererseits der Mensch auch auf den Knoblauch angewiesen. In der Bibel heißt es, daß die Kinder Israels, als sie in der Wüste umherirrten, Moses anflehten, sie wieder nach Ägypten zurück zu führen, zur Sklavenarbeit und zum Knoblauch. Und was tragen Sie in der Vollmondnacht zum Schutz gegen Vampire um den Hals? Bockshornklee? Nein! Knoblauch.

In Kalifornien, wo 90 % des amerikanischen Knoblauchs angebaut wird, gibt es die „Liebhaber der stinkenden Rose", eine Organisation, die sich der Huldigung dieser großen Würzpflanze verschrieben hat. Dort und auch in Südfrankreich feiert man zur Erntezeit eine Vielzahl von „Knoblauchfesten", wo sich Anbauer und Esser zu üppigen Gelagen treffen.

Vor gar nicht so langer Zeit galt Knoblauch noch als unfein und ordinär. Das hat sich grundlegend geändert, und auch in den feinsten Restaurants ist Knoblauchduft bereits „in".

Unter Knoblauchliebhabern ist ein amerikanisches Gerichtsurteil bekannt, in dem eine Lanze für den Knoblauch gebrochen wird. Ein Restaurant, bekannt für seinen großzügigen Umgang mit Knoblauch, war von Knoblauchhassern mit seiner Schließung bedroht worden. Das Gericht aber befand, daß Küchengerüche und speziell der Geruch von Knoblauch ein Segen für die Zivilisation seien. Na bitte!

— Knoblauch —

Muscheln in Knoblauch

FÜR 6 PERSONEN

ZUTATEN

1 1/2 kg Muscheln
2 EL Olivenöl
1 mittelgroße Zwiebel, in Scheiben geschnitten
7 Knoblauchzehen, gehackt
4 Stangen Sellerie, gehackt
225 ml trockener Weißwein
2 EL Petersilie, gehackt
gemahlener schwarzer Pfeffer

ZUBEREITUNG

♦ Die Muscheln waschen und abbürsten. Offene oder beschädigte Muscheln wegwerfen.
♦ Das Öl erhitzen und Knoblauch, Zwiebel und Sellerie anbraten.
♦ Weißwein und Petersilie dazugeben.
♦ Die Hitze steigern und die Muscheln in den Topf geben.
♦ Sobald sich die Muscheln geöffnet haben, servieren. Knoblauchbrot dazu reichen.

— Knoblauch —

Aus den verschiedensten Gründen hatte Knoblauch immer eine mystische und religiöse Bedeutung. In der islamischen Sage wird überliefert, daß Satan, als er aus dem Garten Eden vertrieben wurde, Zwiebeln aus seinem rechten und Knoblauch aus seinem linken Fuß wuchsen. Einer alten tibetanischen Legende zufolge wuchs die Pflanze aus den sterblichen Überresten eines gefallenen Gottes.

Es ist bekannt, daß die alten Ägypter Knoblauch zum Reinigen ihrer Häuser verwendeten. Vielleicht besitzt Knoblauch eine leicht antiseptische Wirkung, denn bevor es antiseptische Mittel gab, pflegten Soldaten die Verbände in Knoblauchsaft zu tauchen, bevor sie ihre Wunden versorgten.

Früher unterschied man nicht zwischen Nahrungsmitteln und Medizin. Essen war auch Medizin. Von vielen Kräutern und nahezu allen Gewürzen waren seit frühesten Zeiten wohltuende medizinische Eigenschaften bekannt.

Als Laien können wir hierzu keinen Kommentar abgeben, es fällt aber auf, daß Knoblauch in der Heilkunde eine Renaissance erlebt. Er wirkt positiv auf den Cholesterinspiegel. Das Cholesterin ist ein großes Problem für starke Esser.

So verrückt kann die Welt sein: die Gefahren, denen sich diejenigen aussetzen, die oft und viel essen, könnten durch die reichliche Verwendung von Knoblauch ein wenig diesen Gefahren begegnen. Wenn nur der strenge Mundgeruch nicht wäre!

Aioli

FÜR 4–5 PERSONEN

Aioli ist eine Mayonnaiseart, die in Frankreich und Spanien viel gegessen wird. Sie paßt gut zu rohem Gemüse wie Karotten, Sellerie und grünem Paprika, aber auch zu Pellkartoffeln, gedünstetem Fisch und kaltem Braten. Probieren Sie einfach auch andere Kombinationen aus. Man rechnet zwei Knoblauchzehen pro Person.

ZUTATEN

ERGIBT 275 ML

10 große Knoblauchzehen
2 frische Eidotter, leicht geschlagen
250 ml Olivenöl
Zitronensaft
1 Prise Salz
etwas weißer Pfeffer

ZUBEREITUNG

♦ Knoblauch schälen und zerdrücken.
♦ Mit den Eidottern zu einer glatten Paste verrühren.
♦ Unter Rühren das Olivenöl tropfenweise dazugeben. Wenn die Paste dickflüssiger wird, das Öl rascher dazugießen.
♦ Eventuell mit Zitronensaft würzen.
♦ Mit Salz und Pfeffer würzen.

Jakobsmuscheln

FÜR 4 PERSONEN

Die Muscheln müssen ein milchig-weißes Fleisch und orangefarbene Rogen haben. Sie sollten sehr frisch sein. Das Fleisch mit einem scharfen Messer aus der Schale lösen. Schwarze Teilchen und den Kopf wegschneiden. Gut abwaschen und trockentupfen.

ZUTATEN

12 kleine oder 8 große Jakobsmuscheln
Zitronensaft
Salz und Pfeffer
4 mittelgroße Knoblauchzehen, zerdrückt
1 EL Olivenöl
Vollkornmehl
1–2 Eier

ZUBEREITUNG

♦ Die Jakobsmuscheln wie beschrieben vorbereiten.
♦ Mit Zitronensaft, Salz, Pfeffer, Knoblauch und Olivenöl würzen.
♦ 30 Minuten stehen lassen.
♦ Die Muscheln in Mehl wenden.
♦ In das Ei tauchen und wieder in Mehl wenden.
♦ In heißem Fett goldbraun und knusprig ausbacken.

— Knoblauch —

Knoblauch-Zwiebel-Suppe

FÜR 6 PERSONEN

ZUTATEN

Speiseöl zum Braten
1 große Zwiebel, in Scheiben geschnitten
3 Knoblauchknollen, fein gehackt
1 EL Mehl
1/2 TL Dijonsenf
1 l Fleischbrühe
225 ml trockener Weißwein
Salz und Pfeffer
etwas Butter
6 Scheiben Baguette
6 Scheiben Gruyère, je 25 g

ZUBEREITUNG

♦ Das Öl in einem Topf erhitzen. Zwiebeln, dann Knoblauch dazugeben. Bei kleiner Flamme erhitzen.
♦ Das Mehl einrühren.
♦ Senf, Brühe und Wein dazugeben und weiterrühren.
♦ Köcheln lassen, bis die Zwiebeln weich sind. Salzen und pfeffern.
♦ Das Brot buttern und mit je einer Scheibe Käse belegen.
♦ Die Suppe in sechs feuerfeste Schüsseln füllen.
♦ Je eine Scheibe Käse darauflegen und die Schüsseln unter den Grill stellen, bis der Käse geschmolzen ist.

— Knoblauch —

Kartoffeln à la Knoblauch

FÜR 6 PERSONEN

ZUTATEN

30 Knoblauchzehen
50 g Butter
4 EL Mehl
250 ml Milch
Salz
weißer Pfeffer, frisch gemahlen
1 kg Kartoffeln
60 ml Sahne
Petersilie, frisch gehackt

ZUBEREITUNG

♦ Knoblauchzehen schälen. In der Hälfte der Butter in geschlossenem Topf bei milder Hitze etwa 20 Minuten dünsten. Nicht braun werden lassen.
♦ Das Mehl eine Minute lang einrühren. In einem anderen Topf gleichzeitig die Milch aufkochen.
♦ Den Knoblauch vom Herd nehmen, Milch und Gewürze dazugeben. Unter Rühren wieder zum Kochen bringen.
♦ Die Mischung in einem Mixer pürieren und wieder für 2 Minuten kochen lassen.
♦ Kartoffeln schälen und schneiden. In sprudelndem Wasser kochen und dann pürieren.
♦ Das Knoblauchpüree unter Rühren wieder erhitzen, vom Feuer nehmen und die restliche Butter einrühren. Mit Salz und Pfeffer würzen.
♦ Mit den pürierten Kartoffeln vermischen und langsam die Sahne einrühren.
♦ Petersilie und Salz und Pfeffer nach Geschmack dazugeben. Sofort servieren.

Zu Schweinefleisch oder Wurst reichen.

— Ingwer —

Auf Märkten und in Supermärkten sind heutzutage Ingwerwurzeln frisch zu erhalten. Verwenden Sie ihn auch frisch gerieben und verpacken Sie ihn luftdicht, damit er sein Aroma nicht verliert. Ingwerpulver sollten Sie nur ersatzweise nehmen. Ingwer, botanisch *Zingiber officinale,* ist so alt, daß nicht einmal mehr seine ursprüngliche Heimat nachgewiesen werden kann. Vermutlich stammt er aus Südostasien. Heute wächst die Pflanze nicht mehr wild und benötigt wie der Knoblauch den Menschen zur Fortpflanzung.

Diese ausgesprochen tropische Pflanze war erstaunlicherweise gerade in Westeuropa im Überfluß vorhanden. In erster Linie gehört er zu den wichtigsten Zutaten der chinesischen Küche und war im Osten seit Urzeiten bekannt.

Im alten Rom schätzte man Ingwer sehr. Wie heute Tabak und Alkohol wurde er damals mit hohen Steuern belegt. Römer und auch Griechen würzten mit ihm Kuchen und Pasteten.

Im Gebrauch des Ingwer unterscheiden sich die östliche und die westliche Welt grundlegend. Hier im Westen nimmt man ihn hauptsächlich für Gebäck, im Osten dagegen vorwiegend zum Würzen von Fleisch und Fisch. Der Engländer liebt sein Ingwerbier, das Ginger Ale. Andere wieder schwören auf einen heißen Glühwein, der außer mit Nelken und Zimt auch mit Ingwer aromatisiert wird.

Außerdem schwärmt man mancherorts von seiner Wirkung als Aphrodisiakum . . .

— Ingwer —

Ingwer-Rhabarber-Fruchtcreme

ZUTATEN

25 g Butter
400 g Rhabarber, in Stücke geschnitten
2 EL brauner Zucker
1 TL gemahlener Ingwer
100 ml Sahne

ZUBEREITUNG

- ♦ Butter in einem Topf erhitzen.
- ♦ Rhabarber, Zucker und Ingwer hineingeben.
- ♦ Köcheln lassen, bis der Rhabarber weich ist.
- ♦ Sahne dazugeben und alles pürieren.
- ♦ Kühlen und servieren.

— Ingwer —

Ingwer-Sirup-Sauce

ZUTATEN

250 ml Wasser
1 Prise gemahlener Ingwer
1 EL Maissirup
1 TL Speisestärke

ZUBEREITUNG

♦ Das Wasser kochen, langsam Ingwer und Sirup dazugeben.
♦ Speisestärke mit etwas Wasser anrühren und in die Mischung rühren, bis eine dicke, glatte Sauce entsteht. Heiß oder kalt servieren.

Orangen-Ingwer-Brot

ZUTATEN

100 ml Milch
1 TL Backpulver
1 EL warmes Wasser
300 g Mehl
1 TL Weinstein
75 g dunkler brauner Zucker
100 g Margarine
100 g dunkler Sirup
100 g Maissirup
2 gestrichene TL Zimt
2 gestrichene TL Ingwer, gemahlen
1 Prise Cayennepfeffer
3 Eier, geschlagen
geriebene Schale und Saft einer Orange
Elektroherd 180 °C, Gasherd Stufe 4

ZUBEREITUNG

♦ Die Milch auf Körpertemperatur erwärmen und mit Backpulver und warmem Wasser mischen.
♦ Mehl und Weinstein sieben. Mit Zucker und Margarine verrühren.
♦ Dunklen Sirup und Maissirup dazugießen, 1 Minute schlagen, dann die Gewürze einrühren.
♦ Langsam die Mehlmischung abwechselnd mit den Eiern dazugeben. Gut verrühren.
♦ Orangenschale und -saft und die Backpulvermischung einrühren.
♦ Alles ein letztes Mal kräftig durchrühren und in eine eingefettete Kastenform füllen.
♦ Etwa 1 Stunde backen.

Melonen-Cocktail

FÜR 4 PERSONEN

ZUTATEN

1 reife Melone, in Würfel geschnitten
100 ml Ingwersirup
1 EL frischer Zitronensaft
1 TL Kirschwasser (nach Geschmack)
Das Idealverhältnis ist 3 Teile Melone zu 1 Teil Ingwer.

ZUBEREITUNG

♦ Die Melone in eine Schüssel geben und mit einer Mischung aus Ingwersirup, Zitronensaft und Kirschwasser bedecken.
♦ Etwa 1 Stunde ziehen lassen, bis die Aromen sich verbinden.
♦ Kühlen und sehr kalt servieren.

Ananas-Ade

ZUTATEN

Schale einer Ananas
1 frische Ingwerwurzel
775 ml Wasser
200 g Zucker
1 TL Zitronensaft

ZUBEREITUNG

♦ Die Ananasschale waschen und in einer Schüssel aufheben.
♦ Ingwer reiben und in die Ananasschale geben.
♦ Das Wasser kochen und über die Schale und den Ingwer gießen. 30 Minuten ziehen lassen.
♦ Die Flüssigkeit abgießen, mit Zucker und Zitronensaft mischen.
♦ Die Flüssigkeit gut kühlen und sehr kalt mit Eis servieren.

Das Ananasfleisch für einen Fruchtsalat verwenden.

— Ingwer —

Nase, Nase, lustige, rote Nase,
Wer gab dir diese lustige, rote Nase?
Muskat und Ingwer, Zimt und Nelken,
Sie gaben mir diese lustige, rote Nase.
Francis Beaumont (1584–1616)

Von allen Europäern schwärmten stets die Engländer am meisten von Ingwer. König Heinrich VIII. soll enorme Mengen davon gegessen haben – entweder zum Schutz gegen die Pest oder einfach nur so. Der elisabethanische Hof schätzte Ingwerbrot über alles, obwohl ein Pfund Ingwer mehr als ein Schaf kostete. Das war wiederum kein schlechtes Geschäft für den Hof, denn Schafe gab es überall. Sie liefen direkt vor dem Schloß herum, Ingwer jedoch mußte die weite Reise bis aus Indien machen. Noch heute ist Indien der größte Ingweranbauer und -exporteur, aber Ingwer wächst auch in anderen Regionen.

Die Spanier führten Ingwerknollen in Jamaica ein. Der Jamaica-Ingwer gilt heute als einer der besten der Welt. Die Portugiesen bauten ihn entlang der afrikanischen Küste an, und so gehören heute auch Sierra Leone und Nigeria zu den Erzeugerländern. Auch Thailand, Taiwan, Australien und die VR China sind wichtige Anbauländer.

Entfernt man die äußere Korkhaut des Gewürzes, kann das den Geschmack verändern. Der geschälte helle Jamaicaingwer ist beispielsweise sehr aromatisch, während die dunklen, runzeligen afrikanischen Arten einen strengeren Geschmack haben.

Engländer und Amerikaner sind die Völker mit dem höchsten Ingwerverbrauch, aber auch Saudi Arabien importiert im Verhältnis zu seiner Bevölkerungszahl unglaubliche Mengen an Ingwer.

In Asien glaubte man lange Zeit, daß Ingwer Tiger fernhalte. Wir haben immer frischen Ingwer im Kühlschrank und seit Monaten keinen Tiger gesehen. Sie sehen, es funktioniert!

— Ingwer —

Spinat Bhaji

ZUTATEN

800 g Spinat
50 g Butter oder geklärte Butter
1 mittelgroße Zwiebel, in Scheiben geschnitten
4 getrocknete rote Chilischoten
1 TL Kreuzkümmel
2 TL frischer Ingwer, fein gehackt
Salz

ZUBEREITUNG

♦ Den Spinat waschen und putzen.
♦ Die Butter erhitzen und die Zwiebeln darin glasig dünsten.
♦ Chilis und Kreuzkümmel dazugeben und 2 bis 3 Minuten anbraten.
♦ Spinat und Ingwer hinzufügen und zugedeckt 5 Minuten garen.
♦ Salzen und offen garen, bis die Flüssigkeit fast ganz eingekocht ist.
♦ Deckel wieder auflegen und bei milder Hitze kochen lassen, bis der Spinat ganz weich ist.

— Meerrettich —

Raifort ist der französische Name für Meerrettich. In der Gegend gleichen Namens mit einem hohen deutschstämmigen Bevölkerungsanteil reicht man gern eine Meerrettich-Sahne-Sauce zum Fleisch. Wahrscheinlich stammt Meerrettich, botanisch *Amoracia rusticana,* aus Deutschland und hat sich nach Osten ausgebreitet. In der Regel wird seine Wurzel verwendet, die frisch gerieben beißend scharf sein kann. Etwas milder sind die jungen, grünen Frühlingsblätter, aus denen sich ein köstlicher, würziger Salat zubereiten läßt.

Die Inhaltsstoffe dieser Würzpflanze sind nahezu identisch mit denen seines engen Verwandten, dem Senf. Mit Wasser angerührt, entfaltet sich das Aroma erst richtig. Die geriebene Wurzel dieser Gartenpflanze wird meist für Saucen verwendet, paßt aber auch sehr gut zu gekochtem Schinken oder zu heißen Würstchen. Beim Kochen wird die Schärfe ein wenig gemildert.

Geriebener Meerrettich ist in Gläsern abgefüllt erhältlich. Aber er ist geschwefelt und künstlich haltbar gemacht. Bedeutend weniger fade schmeckt frisch geriebener Meerrettich, der mit Sahne oder Essig angerührt und mit ein wenig Rote-Bete-Saft gefärbt ist. Frischen Meerrettich erhalten Sie in der Regel überall dort, wo es frisches Obst und Gemüse gibt.

Beim jüdischen Passahfest gehört Meerrettich zu den beliebten bitteren Kräutern.

— Meerrettich —

Omelett mit Käse und Meerrettich

FÜR 2 PERSONEN

ZUTATEN

4 Eier
1 EL Wasser
Salz und Pfeffer
etwas Butter
50 g geriebener Hartkäse
1 TL Meerrettich, fein gehackt oder gerieben

ZUBEREITUNG

♦ Eier, Wasser, Salz und Pfeffer verrühren.
♦ Pfanne erhitzen und etwas Butter hineingeben.
♦ Wenn sie ziemlich heiß ist, die Eier hineingießen.
♦ Wenn das Omelett fast fertig ist, Käse und Meerrettich darüberstreuen.

Mit Tomatensalat servieren.

— MEERRETTICH —

Meerrettich-Apfel-Sauce

ZUTATEN

3 Granny Smith Äpfel, geschält und entkernt
100 ml Wasser
Saft einer halben Zitrone
1 Zimtstange
50 g Zucker
3 EL Meerrettich

ZUBEREITUNG

♦ Die Äpfel in 8 Stücke schneiden und mit Wasser und Zitronensaft in einen Topf geben.
♦ Die Zimtstange dazugeben und alles zum Kochen bringen. Die Äpfel nicht zu weich werden lassen.
♦ Zucker hinzufügen. Bei mittlerer Hitze unter Rühren kochen, bis sich der Zucker aufgelöst hat.
♦ 1 Stunde stehen lassen, dann die Zimtstange herausnehmen und die Sauce in den Kühlschrank stellen.
♦ Vor dem Servieren den Meerrettich einrühren.

Diese Sauce paßt besonders zu kaltem Schweinebraten.

Mayonnaise mit Meerrettich

ZUTATEN

3 Eidotter
Salz
1/2 TL trockener Senf
gemahlener schwarzer Pfeffer
225 ml Olivenöl
1 TL Zitronensaft oder Weißweinessig
3 EL Meerrettich, frisch gerieben

ZUBEREITUNG

♦ Die Eidotter gut schlagen, dann Salz, Senf und schwarzen Pfeffer einrühren.
♦ Das Öl unter Rühren tropfenweise hineingeben. Wenn die Mayonnaise dicker wird, das Öl schneller zugeben.
♦ Zitronensaft oder Essig nach Geschmack einrühren.
♦ Den Meerrettich dazugeben.

Meerrettich mit Roter Bete

ZUTATEN

75 g zerdrückte rohe rote Bete
5 EL Meerrettich, frisch gerieben
Salz
Pfeffer

ZUBEREITUNG

♦ Die Zutaten vermischen.
♦ In den Kühlschrank stellen.

Zu gegrilltem und gekochtem Fisch und zu Fleischgerichten servieren. Hält sich gekühlt eine Woche lang frisch.

Kartoffelsalat mit Meerrettich

FÜR 4 PERSONEN

ZUTATEN

1 kg Kartoffeln
Mayonnaise mit Meerrettich (siehe oben)
1 TL Milch
Petersilie

ZUBEREITUNG

♦ Die Kartoffeln schälen und in Salzwasser kochen. Abkühlen lassen, dann in dicke Scheiben schneiden.
♦ Die Mayonnaise mit Milch verdünnen, falls nötig.
♦ Die Kartoffeln mit der Mayonnaise bedecken, die Kartoffelscheiben nicht brechen. Mit Petersilie garnieren.

— MACIS —

Ich muß haben „Safran, die Äpfeltorten zu färben.
Muskatenblüte – Datteln –“ keine, die stehn nicht auf dem Zettel;
„Muskatennüsse, sieben; ein oder zwei Stangen
Ingwer“: aber die müssen sie mir zugeben;
„vier Pfund Pflaumen und ebensoviel Traubenrosinen.“
Das Wintermärchen – William Shakespeare

WÄHREND des 17. und 18. Jahrhunderts besaßen die Holländer das Weltmonopol für Muskatnüsse und Macis (Muskatblüte). Einmal soll sogar die Regierung in Amsterdam dem Gouverneur der fernöstlichen Kolonien befohlen haben, weniger Muskatnüsse und mehr Macis zu produzieren. Es gibt auch heute noch viele Menschen, die nicht wissen, daß Muskatnuß und Macis Teile der Muskatfrucht, *Myristica fragrans,* sind. Sie ähnelt einer Aprikose. Ihr Fruchtfleisch wird weggeworfen, kann aber auch zu Konfekt verarbeitet werden. Wichtiger aber ist der Kern, die Muskatnuß.

Sie ist von einer harten Schale umgeben, die wiederum von einem purpurroten Samenmantel (= Arillus) gleich einem fleischigen Gitter bedeckt ist. Diesen läßt man an der Sonne trocknen, dabei nimmt er eine rostrot-orange Farbe an und wird zu dem exotisch anmutenden Gewürz Macis – der Muskat„blüte“.

Obwohl Macis heute hauptsächlich zum Backen verwendet wird, ist es eigentlich ein Fleischgewürz. Vor allem die Franzosen würzen damit gern ihre Pasteten und Fleischfarcen. Wenn nicht zu vermeiden, kann Macis durch Muskatnuß ersetzt werden. Aber Macis ist viel eleganter und dezenter im Aroma.

— MACIS —

Fleischpastetchen

FÜR 4 PERSONEN

ZUTATEN

400 g Rinderhackfleisch
2 Eier
1 mittelgroße Zwiebel, gehackt
1 große Knoblauchzehe, fein gehackt
1 Prise gemahlener Rosmarin
1 Blättchen Macis, zwischen den Fingern zerbröselt
1 Spritzer Sojasauce
Pfeffer oder Küchenpfeffer (siehe Seite 125)
feines Matzo-Mehl
Öl zum Braten

ZUBEREITUNG

- Alle Zutaten bis auf das Mehl und das Öl vermengen.
- Etwa ein Dutzend kleine Pasteten formen.
- Auf beiden Seiten mit Matzo-Mehl bestreuen.
- Das Öl stark erhitzen.
- Die Pasteten braten, bis sie auf beiden Seiten braun sind.

— MACIS —

Püree aus weißen Rüben

FÜR 4 PERSONEN

ZUTATEN

1 kg weiße Rüben
1 Blättchen Macis
Salz
weißer Pfeffer, frisch gemahlen
50 g Butter
50 ml Sahne
gehackte Petersilie

ZUBEREITUNG

♦ Die Rüben schälen und in Scheiben schneiden.
♦ In Salzwasser weichkochen und gut abtropfen lassen.
♦ Macis vorsichtig zwischen den Fingerspitzen zerreiben.
♦ Die Rüben pürieren, mit Salz, Pfeffer und Muskatblüte würzen.
♦ Butter und Sahne einrühren.
♦ Mit Petersilie garnieren.

Brot-Sauce

ZUTATEN

2 Nelken
1 Zwiebel
1 kleines Stück Macis
25 ml Milch
50 g frische Semmelbrösel
25 g Butter oder Margarine
Salz und Pfeffer

ZUBEREITUNG

♦ Die Nelken in die Zwiebel drücken.
♦ Die Zwiebel und Macis mit der Milch in einen Topf geben und langsam fast zum Kochen bringen.
♦ 30 Minuten abkühlen lassen.
♦ Abseihen, dann Semmelbrösel, Butter oder Margarine, Salz und Pfeffer in die Flüssigkeit einrühren.
♦ Unter Rühren vorsichtig erhitzen, bis die Sauce glatt sit. Warm servieren.

Makrelen mit Gurken-Sauce

FÜR 4 PERSONEN

ZUTATEN

4 geräucherte Makrelenfilets

GURKENSAUCE

3 große feste Gurken
1 große Zwiebel
Salz
450 ml Weißweinessig
225 ml Weißwein
2 Blättchen Macis
1 TL Pfefferkörner
1/2 Muskatnuß, gerieben

ZUBEREITUNG

♦ Die Gurken und die Zwiebel schälen und in dünne Scheiben schneiden. Mit einer Handvoll Salz in eine flache Form schichten und 12 Stunden ziehen lassen.
♦ Die eingesalzenen Gurken und die Zwiebel in einem anderen Topf 30 Minuten kochen.
♦ Gut abtropfen lassen und die Flüssigkeit in einem Topf auffangen.
♦ Die restlichen Zutaten in diese Flüssigkeit geben und diese zum Kochen bringen. 3 Minuten köcheln lassen.
♦ Durch ein Sieb gießen und nach dem Erkalten in Flaschen abfüllen.
♦ Die Sauce über die Makrelenfilets gießen und kalt servieren.

— Senf —

KÜCHENGESCHICHTE wurde an dem Tag gemacht, da der Senf auf die Wurst traf. Dieses große Ereignis fand zum ersten Mal im alten Rom statt, wo die Köche ebenso viel Senf verwendeten wie wir heute. Mit dem Zerfall des römischen Reiches schlug jede Nation ihren eigenen Weg ein – auch, was die Verwendung des Senfs betraf. Mit Senf bringen die Franzosen *joie* in ihre Saucen, die Deutschen streichen ihn auf die Wurst und die Engländer würzen damit ihre Braten. Für Chinesen und Japaner, die schlau genug waren, niemals Teil des römischen Weltreiches zu werden, ist Senf in erster Linie immer noch ein scharfer Dip.

Schon immer war Senf, der auch in gemäßigteren Klimazonen gut gedeiht, das Gewürz, das auch für den Normalbürger am leichtesten erhältlich war. Vielleicht spiegelt es deshalb so deutlich den Nationalcharakter wider.

Auch wenn die Botaniker viele Arten und Unter-Arten kennen, sind für uns nur die weißen und braunen Senfsamen von Interesse. Die weißen Samen *Sinapis alba,* sind größer und etwas schärfer, die braunen, *Brassica nigra,* dagegen kleiner und aromatischer.

Wenn die zerstoßenen Samen mit Wasser in Berührung kommen, setzt ein arteigenes Enzym das Senföl frei, das dem Senf eine intensive Schärfe verleiht. Die meisten Senfsaucen werden aus zerstoßenen oder pulverisierten Samenkörnern hergestellt, die mit einer Säure behandelt wurden, um diesen chemischen Prozeß aufzuhalten.

Wenn man die pulverisierten Samen nimmt, sie mit Mehl, Kurkuma und Essig anrührt, dann erhält man die „gelbe Gefahr", den amerikanischen Hot Dog- oder Hamburger-Senf. Die Europäer sind weniger barbarisch, sie verarbeiten die Senfsamen pur, wobei die Nuancen zwischen süß bis scharf schwanken, vom „Feuersenf" bis zum bayerischen süßen Weißwurstsenf.

— Senf —

Welsh Rarebit

ZUTATEN

4 Scheiben Brot
50 g Butter
200 g Hartkäse, gerieben
50 ml Starkbier
2 TL englischer Senf
Salz und Pfeffer

ZUBEREITUNG

♦ Das Brot toasten.
♦ Die Butter in einem schweren Topf bei kleiner Flamme erhitzen.
♦ Unter Rühren Käse und Bier dazugeben.
♦ Mit Senf, Salz und Pfeffer würzen.
♦ Auf das Brot streichen und grillen, bis der Käse braun wird und Blasen wirft.

Wenn man Küchenpfeffer (siehe Seite 125) verwendet, wird das Gericht noch würzig

— Senf —

In Europa wurde Senf seit ewigen Zeiten in Klöstern hergestellt, wo man Wein oder Essig als Säurebasis verwendete. Ein junger Mann aus Dijon soll die Eingebung gehabt haben, den sehr sauren Saft unreifer Trauben mit Senfpulver anzurühren. Damit war der weltberühmte französische Dijonsenf „erfunden", der Dijon in Burgund zu einem internationalen Senf-Mekka machen sollte.

Manchmal wird bei der Verarbeitung die Samenschale mit verwendet, manchmal filtert man sie aus. Oft gibt man auch andere Gewürze wie Chilis, Pfeffer oder Nelkenpfeffer dazu. Die Grundlage kann entweder reiner Traubensaft oder eine Mischung aus Essig und Wein sein. Viele Menschen machen Weinreisen durch Frankreich; wie wäre es einmal mit einer Senfreise durch Burgund?

Die Engländer rühren ihr Senfpulver gern eigenhändig eine halbe Stunde vor dem Essen mit ein wenig Wasser an. Auf 80 Prozent braunes kommen 20 Prozent weißes Senfpulver, dem etwas Mehl zugegeben wird. Süßen, braunen Senf kennt man nur in Deutschland; er wird mit Zucker oder Honig gesüßt.

Im Gegensatz zu vielen anderen Gewürzen wird Senf in großem Stil gehandelt. Die Kanadier, die größten Senfexporteure der Welt, bringen die Ernte mit riesigen Maschinen ein.

Geben Sie Senf stets erst gegen Ende der Kochzeit an das Gericht, sein Aroma verfliegt sehr schnell.

Grüner Bohnensalat mit Senfsauce

FÜR 4 PERSONEN

ZUTATEN

45 ml Olivenöl
1 EL Weißweinessig
1 TL Kurkuma
1 Prise Chilipulver
1 EL Senfpulver
gemahlener schwarzer Pfeffer
100 g grüne Bohnen, gekocht

ZUBEREITUNG

♦ Olivenöl, Essig und Gewürze verrühren.
♦ Zu den gekochten Bohnen geben und gut mischen.
♦ Eine Weile kühlen. Nicht zu lange im Kühlschrank lassen, da das Aroma sonst verfliegt.

Scharfes Krabbenfleisch

FÜR 2 PERSONEN

ZUTATEN

1 mittelgroßer Krebs, gekocht
150 ml Bechamel-Sauce (siehe Seite 121)
2 TL Chutney
2 TL Dijonsenf
Cayennepfeffer
1 TL Chili-Essig
Salz
Vollkornsemmelbrösel
1 Eidotter, gekocht
Elektroherd 190 °C, Gasherd Stufe 5

ZUBEREITUNG

♦ Das Krebsfleisch auslösen. Etwas Fleisch aus der Schere und dem Hauptpanzer zum Garnieren aufheben.
♦ Bechamel-Sauce zubereiten, mit Senf, Chutney, Salz, Cayennepfeffer und Essig verrühren.
♦ Das Krebsfleisch dazugeben.
♦ Erhitzen, aber nicht kochen lassen.
♦ Den Panzer waschen und die Masse hineinfüllen.
♦ Mit den Semmelbröseln bestreuen.
♦ 15 bis 20 Minuten im Rohr überbacken.
♦ Mit dem gehackten Dotter und dem restlichen Fleisch garnieren und sofort servieren.

— SENF —

Russischer Salat

ZUTATEN

1 große Kartoffel, geschält
1 kleiner Blumenkohl
1 Stück Brokkoli
2 mittelgroße Karotten, in Würfel geschnitten
1 Aubergine, in Würfel geschnitten
100 g grüne Bohnen, geschnitten
2 EL grüne Erbsen
4 Stangen Sellerie, in Würfel geschnitten
6 Frühlingszwiebeln, fein gehackt
1 EL Schnittlauch, gehackt
125 ml Senf-Mayonnaise (siehe Seite 121)

ZUBEREITUNG

♦ Die Kartoffeln gerade weich kochen. Abtropfen lassen und nach dem Abkühlen in Würfel schneiden.

♦ Blumenkohl und Brokkoli zerteilen. Getrennt in Salzwasser nicht zu weich kochen.

♦ Karotten, Aubergine und Bohnen jeweils in Salzwasser knackig weich kochen.

♦ Die Erbsen kochen.

♦ Alle Gemüse sofort abtropfen lassen und mit kaltem Wasser abspülen. Wieder abtropfen lassen. Die Gemüsesorten immer getrennt kochen.

♦ Alle Gemüsesorten mischen. Frühlingszwiebeln, Schnittlauch und Mayonnaise dazugeben und mischen.

— Muskatnuss —

Der berühmte französische Gourmet Curnonsky soll über die Muskatnuß gesagt haben: „. . . jeder, der einmal dieses Gewürz probiert hat, verspürt kein Verlangen mehr nach einem anderen, so wie jemand, der einmal eine Asiatin geliebt hat, kein Verlangen mehr nach anderen Frauen hat." Ob er recht hat, müssen Sie selbst herausfinden. Auf jeden Fall war Ende des 17. und Anfang des 18. Jahrhunderts die ganze „zivilisierte" Welt von einem wahren Muskatnuß-Fieber erfaßt worden. Es wurden Bücher geschrieben, in denen es hieß, die Muskatnuß sei eine Wunderdroge – prompt trug jedermann Muskatnüsse mit sich herum. Auch kleine Reiben hatte man immer bei sich, die heute auf Auktionen Höchstpreise erzielen.

Über Tausende von Jahren hinweg war Muskat als Medizin verwendet worden, was auch heute noch in Asien praktiziert wird. Die Muskatnuß hatte vor allem den Zweck, unerwünschte Nebenwirkungen beim Genuß von Drogen zu mildern.

Myristicin, ein Bestandteil der Muskatnuß, besitzt ähnliche Eigenschaften wie Mescalin, das aus dem Peyote-Kaktus gewonnen wird. Es ist aber nicht ratsam, seine Wirkung zu testen. Bevor Sie etwas im Kopf zu spüren glauben, wird Ihnen bereits speiübel sein.

Die Muskatnuß, botanisch *Myristica fragrans* (vergl. Seite 77), ist selbst ihre beste Verpackung. Sie enthält in ihrem aetherischen Öl eine Reihe von empfindlichen Stoffen, die an der Luft sehr schnell verfliegen. Man sollte deshalb immer ein paar Nüsse auf Vorrat haben und sie bei Bedarf frisch reiben. Verfeinern Sie mit Muskat Ihre Kuchen, Desserts, Käsetoasts und Salate. In Glühwein oder anderen heißen, alkoholischen Getränken ist Muskat ein „Muß".

Cannelloni

ZUTATEN

400 g frischer Spinat
2 Knoblauchzehen, zerdrückt
2 Eier
400 g Frischkäse
100 g geriebener Parmesankäse
reichlich frisch geriebene Muskatnuß
Salz und Pfeffer
1 Packung vorgekochte Cannelloni (etwa 4 pro Person)
1/2 l Bechamel-Sauce (siehe Seite 121) oder
250 ml Bechamel-Sauce und 250 ml Fleischbrühe
Elektroherd 190 °C, Gasherd Stufe 5

ZUBEREITUNG

♦ Den Spinat waschen und kochen. Abtropfen lassen.
♦ Spinat, Knoblauch, Eier, Käse, die Hälfte des Parmesans und des Muskats, Salz und Pfeffer mischen.
♦ Die Cannelloni mit der Masse füllen.
♦ In eine gut gebutterte feuerfeste Form legen.
♦ Die Bechamel-Sauce mit dem restlichen Muskat verrühren und über die Cannelloni gießen.
♦ Den restlichen Parmesan darüberstreuen.
♦ 40 Minuten backen.

— Muskatnuss —

Bananen-Creme

FÜR 6 PERSONEN

ZUTATEN

6 reife Bananen
150 g Zucker
1 TL Muskat, frisch gerieben
1 EL Zitronensaft
150 g Semmelbrösel
4 Eier
750 ml Milch
Elektroherd 180 °C, Gasherd Stufe 4

ZUBEREITUNG

♦ Die Bananen schälen und zerdrücken. Mit der Hälfte des Zuckers, Muskats und dem Zitronensaft vermengen.
♦ Die Masse in eine gebutterte Form füllen und die Semmelbrösel darüberstreuen.
♦ Die Eier schlagen und den restlichen Zucker einrühren. Gut schlagen.
♦ Die Milch erwärmen und unter Rühren über die Eiermischung gießen. Über die Bananen geben und mit Muskat bestreuen.
♦ Backen, bis die Creme fest ist und die Oberfläche sich goldbraun färbt (etwa 35 Minuten).

Orangen-Punsch

ZUTATEN

350 ml Orangensaft
100 ml Kondensmilch
1/2 TL Muskat, frisch gerieben

ZUBEREITUNG

♦ Alle Zutaten gut verrühren.
♦ Gut gekühlt servieren.

Orange „Tropical"

ZUTATEN

11/2 l Orangensaft
1 Prise Salz
1 l Kondensmilch
Muskat, frisch gerieben

ZUBEREITUNG

♦ Orangensaft und Salz verrühren und kühlen.
♦ Die Kondensmilch, dann Muskatpulver einrühren.
♦ Sofort mit Eis servieren.

— Paprika —

Die grösseren Sorten von *Capsicum annuum* werden eher als Gemüse denn als Gewürz angesehen. Glänzend rot oder grün, sind sie eine Zierde an jedem Gemüsestand. Aus den schärferen getrockneten Früchten wird das Paprikapulver gewonnen, das aber bedeutend milder ist als Cayennepfeffer oder Chili. Der beste Paprika kommt aus Ungarn. Dort ist er kein Gewürz, sondern ein „Lebensgefühl". Die Ungarn, ebenso die Inder, können es kaum glauben, daß Paprika ursprünglich nicht aus ihrem Land stammt. In Wirklichkeit wurde er von Ungarns Erzfeinden, den Türken, importiert.

Die Herkunft des Gulasch hat viel mit der des Chili con carne gemeinsam. Das ungarische Wort „gulyas" bedeutet so viel wie „Kuhhirte". Gulasch wurde auch zuerst in großen Töpfen gekocht und nachts von den Hirten gegessen. Kalbfleischgulasch ist eine spätere Erfindung der Österreicher.

1926 gelang es dem ungarischen Chemiker Szent Gyorgi, das Vitamin C zu isolieren – aus Paprika! Eine Ironie des Schicksals, denn die Seeleute auf den früheren Gewürzschiffen litten akut unter Skorbut, unter Vitamin-C-Mangel. Schließlich entdeckten sie, daß dagegen das Aussaugen von Zitronen half. Es wäre für sie einfacher gewesen, wenn sie von dem Paprika an Bord probiert hätten.

Alle Mitglieder der Gattung *Capsicum* sind reich an Vitamin C.

Kalbsgulasch

ZUTATEN

1 große Zwiebel, gehackt
2 EL Öl
800 g Kalbfleisch, in Würfel geschnitten
250 ml Fleischbrühe
Salz und Pfeffer
3 EL süßes Paprikapulver
1 große grüne Paprikaschote, in Ringe geschnitten
250 ml saure Sahne
gehackte Petersilie

ZUBEREITUNG

♦ Die Zwiebeln in einem schweren Topf in Öl anbraten. Dann das Kalbfleisch dazugeben und ebenfalls kurz anbraten.

♦ Die Brühe dazugießen, salzen und pfeffern und bei milder Hitze eine Stunde köcheln lassen.

♦ Paprikapulver und grünen Paprika dazugeben. Umrühren und eine weitere Stunde kochen lassen.

♦ Die saure Sahne einrühren und 3 Minuten mitkochen lassen.

♦ Mit Petersilie garnieren und Mohnnudeln (siehe Seite 101) dazu reichen.

— Paprika —

Fischkoteletts

FÜR 4 PERSONEN

ZUTATEN

1 kg Brassenkoteletts (Weißfisch)
Salz und Pfeffer
1 TL Paprikapulver
2 Eier, geschlagen
100 g Semmelbrösel
Öl zum Braten

ZUBEREITUNG

♦ Den Fisch waschen und abtrocknen, der Länge nach in Scheiben schneiden.
♦ Salzen und pfeffern, mit Paprika bestreuen.
♦ Gewürze und den restlichen Paprika mit den Semmelbröseln vermischen.
♦ Jede Scheibe Fisch in Ei tauchen und dann in den Semmelbröseln wenden. Trocknen lassen.
♦ Das Öl erhitzen, bis es fast raucht. Den Fisch goldbraun ausbraten.

Gebratene Ente

FÜR 4 PERSONEN

ZUTATEN

1 Ente, ca. 3 kg schwer
Orangensaft
Salz und Pfeffer
Knoblauch, zerdrückt
Paprikapulver
Sojasauce
Elektroherd 170 °C, Gasherd Stufe 3

ZUBEREITUNG

♦ Aus allen Zutaten eine Paste anrühren – Anteil der einzelnen Gewürze je nach persönlichem Geschmack.
♦ Mit der Paste die Ente innen und außen bestreichen.
♦ Die Ente mit der Brust nach oben auf einem Rost in eine Fettpfanne legen und 2 bis 31/2 Stunden braten, bis sie weich ist. Die Haut mehrmals einstechen, damit das Fett abfließen kann.
♦ Die Ente nach jeder halben Stunde umdrehen und häufig mit Orangensaft bestreichen.
♦ Vor dem Servieren unter den Grill stellen, daß die Haut knusprig wird.

Hackbraten

FÜR 4–6 PERSONEN

ZUTATEN

600 g Hackfleisch vom Rind, Schwein oder Lamm
100 g Zwiebeln, in Scheiben geschnitten
50 ml Wasser
2 EL Backfett, geschmolzen
50 g Reis, gekocht
1 Karotte, gerieben
2 Knoblauchzehen, zerdrückt
2 TL Paprikapulver
Elektroherd 170 °C, Gasherd Stufe 3

ZUBEREITUNG

♦ Die Zwiebeln braten.
♦ Alle Zutaten bis auf das Fett und das Paprikapulver vermengen.
♦ Aus der Masse einen Laib formen.
♦ Das Bratfett in einer Kastenform schmelzen und die Fleischmischung hinein füllen. Mit Paprika bestreuen.
♦ Im vorgeheizten Rohr eine Stunde backen.

— Schwarzer Pfeffer —

Er allein, der König der Gewürze, besetzt den erhabenen Platz neben dem Salz auf jedem Tisch der westlichen Welt. Aber nicht von jeher, im Mittelalter waren Ingwer, Zimt, Muskat, Macis und auch Nelken die wichtigsten Gewürze. Sogar die Römer zogen eine aromatischere Art vor, *Piper longum*. Unser Pfeffer, *Piper nigrum*, gewann an Bedeutung mit der Abkehr von den mittelalterlichen süßen Eintöpfen und der Trennung in Einzelgerichte.

Pfeffer stammt aus einem Gebiet namens Malabar an der indischen Westküste. Das war eines der ersten Flecken Land, welches die Europäer entdeckt und in Besitz genommen hatten, als sie Ende des 15. Jahrhunderts um Afrika herum gesegelt waren. Indien ist noch heute ein großer Pfefferanbauer, die wichtigsten Exporteure aber sind Malaysia, Sri Lanka, Kambodscha und Vietnam.

Da Pfeffer nur in der Nähe des Äquators in feuchter Umgebung nahe dem Meeresspiegel wächst, ist die Ernte eine heiße und äußerst beschwerliche Angelegenheit ohne maschinelle Hilfe. Die Pfefferpflanze wird etwa vier Meter hoch. Läßt man die Früchte reifen, färben sie sich rot. Pflückt man sie – von Hand! – im unreifen Zustand und legt sie zum Trocknen in der Sonne aus, dann werden nach etwa eineinhalb Wochen aus den grünen Früchten die harten, schwarzen Körner, die wir in die Pfeffermühle füllen.

— Schwarzer Pfeffer —

Tomatensalat

ZUTATEN

6 Tomaten, in dicke Scheiben geschnitten
reichlich gemahlener schwarzer Pfeffer
6 Pfefferkörner
frisch gehackte Kräuter zum Garnieren

ZUBEREITUNG

♦ Die Tomatenscheiben auf einen großen Teller legen.
♦ Großzügig mit Pfeffer bestreuen. Die Tomatenscheiben wenden und wieder pfeffern.
♦ Das Öl darübergießen.
♦ Mit den Kräutern bestreuen und mit den Pfefferkörnern verzieren.

— Schwarzer Pfeffer —

Eingelegter Fisch

FÜR 6 PERSONEN

Das Gericht stammt aus Jamaica. Es wird dort in vielen Varianten zubereitet.

ZUTATEN

11/2–2 kg Rotbarbe oder eine ähnliche Fischsorte
4 TL schwarzer Pfeffer, gemahlen
275 ml Öl
125 ml Essig
3 große Zwiebeln, gehackt
1 große grüne Paprikaschote, in Ringe geschnitten
1 TL Nelkenpfeffer
1 TL schwarze Pfefferkörner

ZUBEREITUNG

♦ Den Fisch waschen, trockentupfen und in Scheiben von je 100 g schneiden.
♦ Salz und gemahlenen Pfeffer mischen und den Fisch damit bestreuen.
♦ Das Öl in einer Pfanne erhitzen, bis es fast zu rauchen beginnt. Den Fisch schnell von beiden Seiten anbraten, aus der Pfanne nehmen und beiseitelegen.
♦ Essig, gehackte Zwiebeln, Paprika, Nelkenpfeffer und schwarze Pfefferkörner in die Pfanne geben. Langsam zum Kochen bringen und köcheln lassen, bis die Zwiebeln weich sind.
♦ Die Mischung abkühlen lassen und über den Fisch geben. In Jamaica wird das Gericht am Samstag zubereitet und am Sonntagmorgen serviert.

Lachslaib

FÜR 4 PERSONEN

ZUTATEN

etwa 425 g Lachs aus der Dose
1/2 Zwiebel, fein gehackt
1 Stange Sellerie, fein gehackt
1 Karotte, gerieben
1 Knoblauchzehe, zerdrückt
75 g Semmelbrösel
gemahlener schwarzer Pfeffer
2 EL Zitronensaft
Salz
2 Eier, leicht geschlagen
Petersilie
Elektroherd 180 °C, Gasherd Stufe 4

ZUBEREITUNG

♦ Den Lachs abtropfen lassen und zerdrücken.
♦ Das Gemüse, Knoblauch, Semmelbrösel, Pfeffer, Zitronensaft und Salz mit dem geschlagenen Ei verrühren.
♦ Den Lachs dazugeben und würzen.
♦ In eine gebutterte Kastenform füllen.
♦ 45 Minuten backen, mit Petersilie bestreuen und sofort servieren.

Zwiebel-Kichlach

ERGIBT 20–30 STÜCK

ZUTATEN

400 g Mehl
50 g Mohnsamen
2 TL Backpulver
2 TL schwarzer Pfeffer
2 TL Salz
6 große Zwiebeln, fein gehackt
350 ml Öl
4 Eier
225 ml Wasser
Elektroherd 200 °C, Gasherd Stufe 6

ZUBEREITUNG

♦ Alle trockenen Zutaten und die Zwiebeln vermengen.
♦ In die Mitte der Masse eine Vertiefung drücken. Öl, Eier und Wasser hineingeben und verkneten.
♦ Den Teig 1/2 cm dick ausrollen. Dreiecke ausschneiden und diese mit einer Gabel einstechen.
♦ Auf einem Blech (nicht einfetten) etwa eine halbe Stunde backen, bis sie goldbraun sind.

— Grüner und roter Pfeffer —

Wenn man die unreifen, grünen Pfefferfrüchte nicht zum Trocknen auslegt, sondern sie in Salzlake einlegt, erhält man den mittlerweile bei uns recht bekannten „grünen Pfeffer“. Er wird in Dosen und Gläsern verkauft und ist vor allem bei deutschen und französischen Feinschmeckern sehr beliebt. In Westdeutschland werden jährlich über 500 Tonnen grüner und mehr als 10 000 Tonnen schwarzer Pfeffer verbraucht.

Neben dem eingelegten grünen Pfeffer tauchen in manchen Feinkostgeschäften immer häufiger kleine Gläser mit rötlichen Beeren auf, die als „roter Pfeffer“ angeboten werden. Nun, die Früchte von *Piper nigrum* werden zwar rot, wenn sie reif sind, sie werden aber nicht exportiert. Der sogenannte rote Pfeffer dagegen ist die kleine rote Frucht eines südamerikanischen Unkrauts namens *Schinus terebinthifolius* und anderen *Schinus*-Arten, die es plötzlich in internationalen Feinschmeckerkreisen zu Ehren gebracht hat. Man fragt sich, wieso Gourmets so viel Geld für die Früchte einer Pflanze bezahlen, die eine Menge Leute in ihrem angestammten Lebensraum am liebsten für immer ausrotten möchten. Schinus ist bestenfalls von medizinischem Interesse, denn es enthält ein mildes, wenngleich unangenehmes Gift.

Wenn Sie unbedingt falschen Pfeffer verwenden möchten, greifen Sie lieber zu Nelkenpfeffer.

Würzige Rinderbrust

FÜR 4 PERSONEN

ZUTATEN

MARINADE

Salz
2 EL grüne und rote Pfefferkörner
3 Knoblauchzehen, zerdrückt
1 TL Sojasauce
1 TL Paprikapulver
2 TL Senf

1 kg Rinderbrust
1 Zwiebel, gehackt
1 grüne Paprikaschote, gehackt
Elektroherd 180 °C, Gasherd Stufe 4

ZUBEREITUNG

♦ Alle Zutaten für die Marinade verrühren.
♦ Die Marinade großzügig auf das Fleisch streichen.
♦ Bei Zimmertemperatur eine Stunde ziehen lassen. Alle 15 Minuten wenden.
♦ Die gehackte Zwiebel und den Paprika weichdünsten und in eine Bratform geben.
♦ Das Fleisch mit der Fettseite nach oben hineinlegen und mit der Marinade bestreichen.
♦ Zudecken und 2 Stunden schmoren.
♦ Den Braten herausnehmen und in Scheiben schneiden.
♦ Wieder ins Rohr stellen und weitere 20 Minuten braten, bis das Fleisch gar ist.

Steak au Poivre Verte

FÜR 4 PERSONEN

ZUTATEN

50 g Butter
1 EL grüne Pfefferkörner
1 EL Brandy
Meersalz
4 Steaks, je 225 g

ZUBEREITUNG

♦ Butter, Pfefferkörner, Brandy und Salz zu einer Paste pürieren.
♦ Diese auf die Steaks streichen. Die Steaks bei großer Hitze grillen.

Steak und Guinness

ZUTATEN

800 g Rumpsteak
Dijonsenf
Öl zum Braten
gemahlener schwarzer Pfeffer
12 schwarze Pfefferkörner
12 grüne Pfefferkörner
8 Nelkenpfefferkörner
100 g Pilze, in Scheiben geschnitten
225 ml Guinness-Bier
1 TL Worcestershire Sauce (siehe Seite 120)
Elektroherd 180 °C, Gasherd Stufe 4

ZUBEREITUNG

♦ Die Steaks mit einer Schicht Senf bestreichen und reichlich schwarzen Pfeffer darüberstreuen.
♦ In Öl braten wie zu einem blutigen Steak. Dann vorsichtig aus der Pfanne nehmen und zur Seite legen.
♦ Pfefferkörner, Nelkenpfeffer und Pilze im Bratensaft 2 Minuten erhitzen.
♦ Mit Guinness aufgießen und bei großer Hitze eine Minute kochen lassen, die Worcestershire Sauce dazugeben.
♦ Die Steaks in eine feuerfeste Form legen und mit der Sauce begießen.
♦ Die Form mit Folie verschließen und 1 Stunde backen.

— WEISSER PFEFFER —

WEISSER PFEFFER ist echter Pfeffer. Die rot gereiften Früchte werden gepflückt und auf großen Matten in der Sonne getrocknet. Dann füllt man sie in große Säcke und taucht diese in fließendes Wasser. Während der nächsten Wochen bewirkt ein bakterieller Prozeß, daß sich die äußere Hülle von den Früchten löst. Dann werden die Säcke aus dem Wasser gezogen und die abgelösten Hüllen weggespült. Zu guter Letzt füllt man die Früchte in Holzfässer um und stellt diese in Wassertanks. Arbeiter stampfen nun mit bloßen Füßen auf den Früchten herum, um die verbliebenen Schalen abzulösen.

Auf großen brasilianischen Plantagen wird dieser Arbeitsprozeß bereits maschinell erledigt, aber fast überall sonst auf der Welt bedient man sich noch der Arbeitskraft Mensch.

Die Nahrungsmittelindustrie bevorzugt weißen Pfeffer bei Salatdressings und Mayonnaise, in denen die schwarzen Punkte unerwünscht sind. Die Aromen der beiden Pfefferarten sind annähernd gleich, wobei der weiße etwas weniger scharf und intensiv ist. Man verwendet ihn vorzugsweise für Gerichte, deren Zutaten mild und von heller Farbe sind, etwa in Soufflés.

Die Franzosen schätzen eine Mischung aus beiden Arten, *mignonette* genannt. Sie können es sich leicht nachmachen, indem Sie Ihre Pfeffermühle mit weißem und schwarzem Pfeffer füllen.

Spinat- und Kichererbsen-Salat

FÜR 4 PERSONEN

ZUTATEN

175 g Kichererbsen
400 g Spinat, gewaschen
15 g Butter
6 EL Olivenöl
2 EL Weißweinessig
gemahlener weißer Pfeffer
Salz
1 Zwiebel, in Ringe geschnitten
100 ml Joghurt
gehackte Petersilie

ZUBEREITUNG

♦ Die Erbsen über Nacht einweichen, dann eine Stunde in ungesalzenem Wasser weichkochen.
♦ Den Spinat mit etwas Butter dünsten. Abtropfen lassen und hacken.
♦ Die Erbsen zu dem abgekühlten Spinat geben.
♦ Olivenöl, Essig, Pfeffer und Salz unterrühren. Die Erbsen nicht zerdrücken. Zwiebelringe darübergeben.
♦ Den Joghurt auf dem Salat verteilen. Mit Petersilie garnieren.

— WEISSER PFEFFER —

Käse-Soufflé

FÜR 6 PERSONEN

ZUTATEN

50 g Butter
50 g Mehl
225 ml Milch
5 Eier, getrennt
150 g geriebener Hartkäse
Salz
reichlich gemahlener weißer Pfeffer
Cayennepfeffer nach Geschmack
1 Prise Senfpulver
Elektroherd 200 °C, Gasherd Stufe 6

ZUBEREITUNG

♦ Die Butter erhitzen und mit dem Mehl verrühren.
♦ Milch dazugeben und glattrühren. Wenn die Masse dick geworden ist, vom Feuer nehmen.
♦ Nacheinander die Eidotter hineingeben.
♦ Käse, Salz, Gewürze, weißen Pfeffer, Cayennepfeffer und Senf einrühren.
♦ Das Eiweiß steifschlagen.
♦ Den Eischnee unter die Käsemischung ziehen.
♦ Die Masse in eine gebutterte Souffléform füllen.
♦ Etwa 25 Minuten im vorgeheizten Rohr backen, bis das Soufflé hellbraun und aufgegangen ist.

— Piment —

In den Gewürzregalen findet man Gläser mit der Aufschrift *Piment, Neugewürz* oder *Jamaicapfeffer.* Man kann darüber streiten, ob es sich bei den ganzen Beeren um Nelkenpfeffer oder um Piment handelt und umgekehrt. Botaniker bezeichnen es mit *Pimenta dioica.* Das vielseitige Gewürz ist sowohl als Beere als auch pulverisiert im Handel. In der Regel ist es aber besser, ganze Beeren zu kaufen und sie frisch zu mahlen.

Als die Spanier Jamaica erreichten, lebten dort die Arawaks, die jedoch kurz nach der spanischen Invasion starben oder von den Eroberern getötet wurden. In der Sprache der Arawaks bedeutet „Jamaica" Land der Länder und des Wassers. Diese Ureinwohner benutzten Piment, um das Fleisch von Tieren und angeblich auch das ihrer getöteten Feinde haltbar zu machen. Dies so behandelte Fleisch wurde *boucan* genannt. Die Piraten, die später die Insel als Stützpunkt für ihre Raubzüge benutzten, übernahmen diese Konservierungsmethode. So wurden die Piraten schließlich *boucaniers* genannt, und das englische Wort für Seeräuber lautet *bouccaneer.*

Ein besonderer Leckerbissen für Touristen ist auf Jamaica heute gedörrtes Schweinefleisch, mit Piment gewürzt und auf offenem Feuer über Pimentzweigen gebraten. Die Eingeborenen nannten diese Kochstelle „barbeque".

— Piment —

Gehackte Leber

ZUTATEN

800 g Lammleber
Mehl
2 mittelgroße Zwiebeln, in Scheiben geschnitten
18 Pfefferkörner
8 Pimentkörner
Salz
50 g Bratfett
2,5 cm weißer Rettich

ZUBEREITUNG

♦ Die Leber in Mehl wenden und mit einer der Zwiebeln bei mittlerer Hitze braten.
♦ Die Leber in kleine Stücke schneiden.
♦ Mit einem elektrischen Mixer alle Zutaten einschließlich der zweiten Zwiebel und des restlichen Fetts vermengen. Auf Salat anrichten und mit Petersilie garnieren.

Hinweis: Wenn man die Leber durch einen Fleischwolf dreht, erhält das Gericht die beste Konsistenz.

— PIMENT —

Brauner Fischtopf

FÜR 2 PERSONEN

ZUTATEN

1 kleine Rotbarbe oder eine ähnliche Fischsorte
Öl zum Braten
2 Zwiebeln, in Scheiben geschnitten
1 TL Pimentkörner
275 ml Wasser
11/2 TL brauner Zucker
Tomatenketchup (nach Geschmack)
Salz und Pfeffer

ZUBEREITUNG

♦ Den Fisch waschen und trockenreiben.
♦ Das Öl erhitzen und den Fisch leicht anbraten. Zur Seite legen.
♦ Die Zwiebeln braten, Pimentkörner einrühren.
♦ Wasser und Zucker dazugeben. Umrühren, mit Salz, Pfeffer und Ketchup würzen.
♦ Den Fisch in einen Topf legen, mit der braunen Sauce übergießen. Deckel auflegen und 15 Minuten köcheln lassen. Den Fisch gelegentlich umdrehen.

Deftige Rinderbrust

FÜR 6 PERSONEN

ZUTATEN

1,5 kg Rinderbrust
8 Streifen Speck
2 Zwiebeln, grob gehackt
2 Nelken
1 Blättchen Macis
1 EL Piment
6 schwarze Pfefferkörner
Wasser
Elektroherd 170 °C, Gasherd Stufe 3

ZUBEREITUNG

♦ Das Fleisch waschen und überschüssiges Fett wegschneiden.
♦ Eine Kasserolle mit 4 Speckstreifen und den Zwiebeln auslegen.
♦ Das Fleisch darauflegen. Die restlichen Speckstreifen darüberdecken. Gewürze in die Form geben und soviel Wasser dazugießen, daß das Fleisch fast bedeckt ist.
♦ Deckel auflegen und etwa 3 Stunden garen, bis das Fleisch weich ist.

— Mohnsamen —

Schlafmohn ist eine gleichermaßen heilkräftige wie auch umstrittene Pflanze, schließlich stammen die aromatischen schwarzen Samen und das gefährliche Opium aus dem gleichen Teil – der Kapsel. Aus ihr wird der milchig-weiße Saft gewonnen, der nach komplizierter chemischer Umwandlung zu Opium und Heroin wird. Die Samen selbst sind völlig ungefährlich.

Schlafmohn, *Papaver somniferum,* stammt aus Kleinasien und gedeiht überall bei einigermaßen gemäßigtem Klima. Im alten Ägypten war Mohn ein sehr beliebtes Gewürz, und im antiken Griechenland wurde er allein seiner Samenkörner wegen angebaut. Kleine Kuchen aus Mohnsamen und Honig waren in der Antike Kraftnahrung für die Athleten, um zusätzliche Energien freizusetzen. Die Römer streuten die Samen über ein pilzförmiges Brot – ein Brauch, der nicht in Vergessenheit geraten ist. Denken Sie nur an unsere Mohnbrötchen.

Am jüdischen Feiertag *Purim* wird die Vereitelung eines geplanten Massakers auf die persischen Juden und der Sturz des verbrecherischen Kammerherrn Haman gefeiert. Entweder waren Hamans Hut, seine Geldbörse oder seine Ohren dreieckig, denn im Gedenken an dieses Ereignis werden an Purim dreieckige Kuchen gegessen, sogenannte Haman-Taschen. Die beliebteste Füllung sind Mohnsamen.

In Indien gibt man Mohnsamen an würzige Saucen, um ihnen ein zusätzliches Aroma und mehr Sämigkeit zu verleihen.

Staunen Sie nicht, aber Nudeln waren bis zum späten Mittelalter in Italien und im übrigen Europa unbekannt. Sie stammen wahrscheinlich aus China oder Südostasien, wo sie mit Mohnsamen verzehrt wurden.

— MOHNSAMEN —

Nudeln mit Mohnsamen

FÜR 6 PERSONEN

ZUTATEN

300 g Bandnudeln
50 g Butter
2 EL Mohnsamen
Salz und Pfeffer

ZUBEREITUNG

♦ Die Nudeln kochen und abtropfen lassen.
♦ Die Butter schmelzen, Mohn, Salz und Pfeffer einrühren.
♦ Die Nudeln dazugeben und mit einem Holzlöffel gut vermischen.

Zu Kalbsgulasch servieren (siehe Seite 88).

— Mohnsamen —

Haman-Taschen

Diese Kuchen werden am jüdischen Feiertag *Purim* gegessen. Ihre Dreiecksform soll an das Ohr oder den Hut des schurkischen Haman erinnern, je nachdem, welche Variante der Geschichte erzählt wird.

ZUTATEN

KUCHENTEIG

2 1/2 TL Hefe
50 g Zucker
50 g Butter oder Margarine
150 ml Milch
400 g Mehl
Salz
1 Ei
Honig

MOHNFÜLLUNG

100 g Mohnsamen, gemahlen
275 ml Milch
50 g Butter
50 g gehackte Nüsse
2 EL Sirup
Elektroherd 180 °C, Gasherd Stufe 4

ZUBEREITUNG

♦ Die Hefe mit 1 EL Zucker in einer warmen Schüssel verrühren.
♦ Die Butter oder Margarine erhitzen, die Milch dazugießen. Die Hefe-Zucker-Mischung einrühren.
♦ Mehl und Salz in eine Schüssel sieben. In das Mehl eine Vertiefung drücken und die Flüssigkeit hineingießen.
♦ Alles zu einem geschmeidigen Teig verarbeiten.
♦ Mit einem Tuch zudecken und an einem warmen Ort 2 Stunden gehen lassen.
♦ Den restlichen Zucker und ein geschlagenes Ei hineinkneten.
♦ Wieder zudecken und weitere 2 Stunden ruhen lassen.
♦ Füllung: Alle Zutaten in einen Topf geben und bei niedriger Hitze kochen lassen, bis der Inhalt dickflüssig wird. Abkühlen lassen.
♦ Den Teig 1/2 cm dick ausrollen.
♦ 10 cm große Teigscheiben ausschneiden, mit geschmolzener Butter bestreichen.
♦ Jeweils 1 TL Füllung in die Mitte geben.
♦ Den Teig so falten, daß die Dreiecksform entsteht.
♦ Die Oberseiten mit warmem, flüssigem Honig bestreichen.
♦ An einem warmen Platz gehen lassen, bis die Kuchen ihr Volumen verdoppelt haben.
♦ Goldbraun backen.

Knusprige Mohnstückchen

ERGIBT 8 STÜCKE

ZUTATEN

45 g Butter
75 g Zucker
2 Eier, getrennt
1 TL Vanilleessenz
150 g Mehl
1 1/2 TL Backpulver
100 g brauner Zucker
100 g Mohnsamen, gemahlen
Elektroherd 170 °C, Gasherd Stufe 3

ZUBEREITUNG

♦ Butter und Zucker schaumig rühren, nacheinander Eidotter, dann Vanilleessenz einrühren.
♦ Mehl und Backpulver in die Mischung sieben und umrühren.
♦ Die Masse in eine eingefettete Form (20 x 20 cm) füllen. Der Teig sollte noch sehr weich sein.
♦ Die Eiweiß steifschlagen, den braunen Zucker einrühren und den Mohn unterziehen.
♦ Über den Teig verteilen und etwa 25 Minuten im Rohr backen, bis die Oberseite hellbraun ist.
♦ Abkühlen lassen und in 8 Stücke schneiden.

— Safran —

Safran, auch „Crocus" genannt, ist der Aristokrat unter den Gewürzen. Sein Aroma ist dezent, seine Farbe golden – und er ist sehr teuer. Safran stammt aus dem Süden der heutigen Türkei und war schon immer im östlichen Mittelmeerraum bekannt. Die heutigen Hauptanbaugebiete sind der Iran, Kaschmir und vor allem Spanien.

Unter Safranfäden versteht man die Blütennarben einer hübschen, violetten Krokusart, *Crocus sativus,* die unserem Gartenkrokus nicht unähnlich ist. Sie blüht jedoch im Herbst, vorzugsweise auf den felsigen Hügeln von La Mancha – Don Quichotes Heimat. Während der zwei bis drei Wochen währenden Blütezeit gehen ganze Familien auf die Felder und pflücken in der Hitze von früh bis spät in gebückter Haltung Tausende der schönen Blüten. In den kühlen Nächten sitzt man dann beisammen und zupft die zarten Narben aus den hübschen Blüten. Nach dem Trocknen ergibt die Ausbeute eines ganzen Feldes nicht viel mehr als eine Handvoll Safranfäden.

Safran ist in Spanien schon seit frühester Zeit bekannt. Den Anbau im großen Stil begannen die Araber im 9. Jahrhundert nach Christi. Sie pflanzten auch als erste in den spanischen Seen Reis an. Das bedeutet, daß die Zutaten für die berühmte spanische Paella vor rund tausend Jahren zum ersten Mal zusammenkamen.

Im Mittelalter wurde Safran in Europa zu einem der wichtigsten Gewürze. Man baut ihn in Deutschland und in England an. Als aber die fernöstlichen Gewürze eintrafen, wurde der Safrananbau in großem Stil eingestellt. Außer in La Mancha.

Paella

FÜR 6–8 PERSONEN

ZUTATEN

50 g Petersilie, gehackt
8 Knoblauchzehen, zerdrückt
2 TL Oregano
Salz und Pfeffer
1 Hühnchen, zerteilt und enthäutet
Mehl
Öl zum Braten
1 Zwiebel, in Scheiben geschnitten
ein paar Fäden Safran
375 ml Hühnerbrühe
200 g Reis
200 ml Weißwein
375 g Tomaten aus der Dose
25 g Butter
800 g roher Tintenfisch, gehackt
400 g Muscheln, frisch, gefroren oder aus der Dose
400 g frische Venusmuscheln (ersatzweise gefrorenes Krabbenfleisch oder Herzmuscheln)

ZUBEREITUNG

♦ Petersilie, die Hälfte des Knoblauchs, Oregano, Salz und Pfeffer mischen und zerdrücken.
♦ Die Hühnchenteile in dieser Mischung 2 Stunden marinieren.
♦ Dann in Mehl tauchen und halb durchbraten. Zur Seite legen.
♦ Die Zwiebel und den restlichen Knoblauch in einer Paellapfanne anbraten.
♦ Die Safranfäden in ein wenig Hühnerbrühe auflösen. 10 Minuten ziehen lassen.
♦ Das Hühnerfleisch, Reis, Weißwein, Tomaten, Safranbrühe, restliche Hühnerbrühe und Butter in die Pfanne geben.
♦ Gut umrühren und für 2 Minuten zudecken.
♦ Die Meeresfrüchte in Kreisform in die Pfanne legen.
♦ Zudecken und 20 bis 30 Minuten köcheln lassen. Probieren, ob der Reis gar ist.
♦ Vor dem Servieren 3 bis 4 Minuten ruhen lassen.

— Safran —

Freunde von uns kamen aus Spanien zurück und zeigten uns strahlend einen großen Beutel mit gelbem Pulver, von dem sie behaupteten, es sei Safran. Wir mußten sie leider aufklären und ihnen sagen, daß sie nicht Safran, sondern Kurkuma erstanden hatten. Für eine solche Menge Safran hätten sie ihr neues Auto verkaufen müssen. Als wir einmal durch einen Markt im Mittleren Osten schlenderten, fiel uns ein Stand auf, der mit Bergen von kleinen, orangeroten Blüten bedeckt war. Der Verkäufer versicherte uns zwar hoch und heilig, daß dies Safran sei, es waren jedoch Saflorblüten. Saflor hat mit Safran nichts zu tun und ist nicht sehr wertvoll.

Jahrhunderte lang schon hat man Safran mit billigen Substanzen vermischt und verschnitten und dieses als echtes Safran verkauft. Im 15. Jahrhundert gab es in Deutschland eine besondere Gerichtsinstanz, die „Safranschau“, die solche üblen Praktiken verfolgte. Betrügern drohte die Todesstrafe. Heute sind die Strafen weitaus milder, betrogen werden kann man immer noch. Nicht selten werden alte, ausgebleichte Safranfäden genommen und mit Speisefarbe aufgefrischt erneut angeboten. Deshalb Vorsicht bei sogenannten Sonderangeboten!

Safran ist in der indischen Küche weit verbreitet und wird im Iran für festliche Speisen verwendet. Und in Cornwall im Südwesten Englands behaupten die Leute, daß bereits die Phönizier Safran zu ihnen gebracht hätten. Man backt dort noch heute Safrankuchen und -brötchen.

Osterbiskuits

ZUTATEN

50 g Mehl
1 Prise Salz
50 g Korinthen
75 g Zucker
75 g Butter
1 Eidotter, leicht geschlagen
1 Prise Safran, über Nacht in 1 TL Milch eingeweicht
75 g Zucker
Elektroherd 190 °C, Gasherd Stufe 5

ZUBEREITUNG

- ♦ Mehl und Salz sieben.
- ♦ Die Korinthen waschen und in das Mehl geben.
- ♦ Butter und Zucker schaumig rühren.
- ♦ Eidotter und etwas Mehl einrühren.
- ♦ Safran hinzufügen.
- ♦ Alles zu einem festen, elastischen Teig kneten.
- ♦ Den Teig 1 cm dick ausrollen und kleine Kekse ausstechen.
- ♦ 10 Minuten hellbraun backen.

Risotto

FÜR 4 PERSONEN

ZUTATEN

50 g Butter
2 mittelgroße Zwiebeln, in kleine Würfel geschnitten
300 g Piedmont-Reis
100 ml trockener Weißwein
1 1/2–2 l Hühnerbrühe
1 Prise Safran
50 g geriebener Parmesankäse

ZUBEREITUNG

- ♦ Die Zwiebeln in der Hälfte der Butter weichdünsten.
- ♦ Den Reis waschen und zu den Zwiebeln geben. Mitbraten, bis er glasig, aber nicht braun wird.
- ♦ Den Wein hineingießen und gut umrühren.
- ♦ Wenn der Wein verdampft ist, langsam die Hühnerbrühe zugeben. Immer in kleinen Mengen, bis sie ganz eingekocht und der Reis gar ist. Der Reis soll weich und sahnig sein. Immer rühren, daß der Reis nicht anbrennt.
- ♦ Inzwischen etwas Safran in Wasser einweichen.
- ♦ Abtropfen lassen, den Safran, die restliche Butter und den Parmesankäse an den Reis geben und umrühren. Sofort servieren.

— Safran —

Safranreis

Safranreis

ZUTATEN

300 g Basmati-Reis
1 TL Safranfäden
75 g Butter
1 Zimtstange
4 Nelken
100 g gehackte Zwiebel
1 1/2 TL Salz
1/4 TL Kardamom

ZUBEREITUNG

♦ Den Reis waschen und abtropfen lassen.
♦ Den Safran in eine Schüssel geben und mit 1 EL kochendem Wasser übergießen. 10 Minuten ziehenlassen.
♦ Die Butter in einem großen Topf erhitzen. Zimt und Nelken, dann die Zwiebel hineingeben. Die Zwiebeln unter Rühren goldbraun werden lassen.
♦ Den Reis dazugeben und rühren, bis die ganze Flüssigkeit verkocht ist.
♦ Mit Wasser aufgießen, daß der Reis etwa 2,5 cm hoch bedeckt ist. Salz und Kardamomsamen hinzufügen. Rasch zum Kochen bringen. Ständig umrühren.
♦ Langsam die Safranfäden mit dem Wasser einrühren.
♦ Deckel auflegen und alles bei milder Hitze 25 Minuten kochen, bis der Reis die ganze Flüssigkeit aufgenommen hat.

Reis mit Safran

ZUTATEN

400 g Patna-Reis
1/4 TL Safran
Salz

ZUBEREITUNG

♦ Reis, Safran und Salz in einen Topf geben.
♦ Mit Wasser aufgießen, daß der Reis 2,5 cm mit Wasser bedeckt ist.
♦ Zum Kochen bringen. Deckel auflegen und köcheln lassen, bis das Wasser eingekocht ist.
♦ Vor dem Servieren 5 Minuten ruhen lassen.

— Sesamsamen —

Ist es verwunderlich, daß sich für Ali Baba die Räuberhöhle nur auf die Worte „Sesam, öffne dich!" hin auftat? Der Sesamsamen hat der Menschheit ohne Übertreibung großen Nutzen gebracht, vor allem im Mittleren Osten. Er stammt aus der Schnittstelle zwischen Europa, Asien und Afrika und wurde bereits vor 4000 Jahren in alten ägyptischen Schriften erwähnt. Heute wird Sesam, botanisch *Sesamum indicum,* in allen subtropischen Regionen der Welt angebaut, vor allem aber in Indien, China, Mexiko und im Mittleren Osten. Er dient hauptsächlich der Gewinnung von Speiseöl, bietet aber noch viele andere kulinarische Möglichkeiten. Sesamsamen werden über viele Speisen gestreut, um ihnen ein zusätzliches Aroma zu verleihen. In Indien gibt man sie an Currygerichte und andere Saucen.

Halva, *die* Süßspeise der Levante, besteht aus gestoßenem Sesamsamen; ebenso Tahini, das zu Pittabrot gereicht wird. Und zu allen Zeiten – auch heute – streuten die Menschen Sesamsamen auf Brot und Gebäck.

Im Verlauf der Jahrtausende ist eine regelrechte Sesamliteratur entstanden. In alten Pflanzenbüchern steht geschrieben, daß die Samen ein gutes Gegenmittel gegen den Biß der gefleckten Erdechse seien. Der römische Schriftsteller Plinius monierte, daß Sesam Mundgeruch erzeuge. Eine ungewöhnliche Geschichte aber erzählte der griechische Historiker Herodot. Auf Befehl eines Tyrannen sollten 300 Knaben kastriert werden. Sie flohen aber und verbargen sich in einem Tempel. Die Belagerung überlebten sie, weil sie sich ausschließlich von Sesambrot ernährten, das ihnen fromme Bauern heimlich brachten. Und siehe – die Knaben entkamen ihren Häschern und gelangten unversehrt in ihre Heimatorte zurück.

— Sesamsamen —

Hühnerbrüstchen mit Sesamsamen

FÜR 6 PERSONEN

ZUTATEN

2 Eier
frischer Rosmarin, gehackt
gemahlener schwarzer Pfeffer
30 g feines Matzo-Mehl
3 EL Sesamsamen
1 kg Hühnerbrüstchen (ohne Knochen), in kleine Teile geschnitten
Öl zum Braten

ZUBEREITUNG

♦ Eier, Rosmarin und Pfeffer verrühren.
♦ Matzo-Mehl und Sesamsamen vermischen.
♦ Die Hühnerteile erst in die Ei-, dann in die Sesammischung tauchen.
♦ Das Fett stark erhitzen und die Hühnerteile hineinlegen.
♦ Ist die Unterseite goldbraun, großzügig mit Pfeffer bestreuen, wenden und die Oberseite pfeffern.
♦ Auf Küchenkrepp abtropfen lassen und servieren.

— Sesamsamen —

Bohnensprossen auf koreanische Art

FÜR 4–6 PERSONEN

ZUTATEN

200 g Bohnensprossen
2 TL Sonnenblumen-, Sesam- oder Maiskeimöl
2 Frühlingszwiebeln
100 ml Wasser
2 TL Sesampulver (siehe unten)
2 EL Salz
1 rote Paprikaschote

ZUBEREITUNG

♦ Die Bohnensprossen waschen und abtropfen lassen.
♦ Öl in einem Wok oder einer flachen Pfanne erhitzen.
♦ Die Zwiebeln in Ringe schneiden.
♦ Bohnensprossen, Zwiebelringe, Sesampulver und Salz in den Wok geben und unter Rühren braten, bis die Bohnen weich sind.
♦ Das Gemüse auf einer Platte anrichten und mit Paprikastreifen garnieren.

Mit Satay oder einem orientalischen Fleischgericht servieren.

Hummus

ZUTATEN

150 g Kichererbsen
4 Knoblauchzehen, zerdrückt
Saft einer Zitrone
100 g Tahini-Paste
1 EL Olivenöl

GARNIERUNG

2 EL Olivenöl
1 Prise Paprika
3 Petersilienzweige, gehackt

ZUBEREITUNG

♦ Die Erbsen waschen und über Nacht einweichen. Abspülen und in ungesalzenem Wasser etwa 1 Stunde weichkochen. Die Kochflüssigkeit aufheben.
♦ Die Erbsen zusammen mit Knoblauch, Zitronensaft, Tahini-Paste, einem EL Olivenöl 4 EL der Kochflüssigkeit pürieren.
♦ Falls das Püree zu fest wird, mehr Wasser zugeben, bis es die Konsistenz von Mayonnaise hat. Knoblauch und Zitronensaft nach Geschmack hinzufügen.
♦ Die Mischung kaltstellen. Auf eine Servierplatte geben, die Oberfläche glattstreichen, mit Petersilie und Paprika servieren. Das restliche Öl darüberträufeln. Pittabrot dazu reichen.

Knusprige Sesamstücke

ERGIBT 10 STÜCKE

ZUTATEN

100 g Butter oder Margarine
2 EL Maissirup
25 g brauner Zucker
125 g Haferflocken
2 EL Sesamsamen
1 EL Kokosflocken
Elektroherd 190 °C, Gasherd Stufe 5

ZUBEREITUNG

♦ Butter und Sirup erhitzen, bis die Butter schmilzt.
♦ Vom Herd nehmen, die restlichen Zutaten einrühren.
♦ Die Masse in ein eingefettetes Blech füllen und glattstreichen. 30–40 Minuten backen.
♦ Aus dem Rohr nehmen, 10 Minuten auskühlen lassen. Dann in viereckige Stücke schneiden. Erst nach dem Erkalten aus der Form nehmen.

Sesampulver

ZUTATEN

Sesamsamen

ZUBEREITUNG

♦ Sesamsamen (Menge nach Bedarf) waschen und abtropfen lassen.
♦ Die Samen in einer Pfanne langsam rösten, bis sie hellbraun sind.
♦ Die Samen vom Herd nehmen und in einem Mörser zu Pulver zerstoßen.
♦ Das Pulver in einem luftdichten Behälter aufbewahren.

— Sternanis —

Sternanis, *Illicium verum,* ist wunderhübsch anzusehen und eines der Wunderwerke der Natur. Zwar ist er nicht mit dem herkömmlichen Anis verwandt, sein aetherisches Öl besitzt aber fast die gleiche chemische Zusammensetzung. Es bildet die Grundwürze für eine Reihe von Likören, vor allem Anisette und Pernod. Sternanis stammt ursprünglich aus China und dem Norden Vietnams und wird heute in ganz Südostasien angebaut. Die chinesische Küche kann kaum auf ihn verzichten, und der typische Duft in chinesischen Restaurants stammt hauptsächlich von Sternanis. Kein chinesisches Schweinefleisch- oder Entengericht ohne Sternanis!

Sternanis ist Bestandteil der bekannten „Fünf-Gewürze-Mischung", eine dezente, aber sehr aromatische Gewürzmischung, die man immer im Haus haben sollte. Sie besteht zu gleichen Teilen aus den fünf gemahlenen Gewürzen:

- Szechuan-Pfeffer, botanisch *Zanthoxylum piperitum*
- Kassiazimt
- Gewürz-Nelken
- Fenchel
- Sternanis

Sie benötigen in der Regel nur eine Prise dieser Gewürzmischung. Statt des Szechuan-Pfeffers können Sie ersatzweise je eine Hälfte weißen Pfeffers und zerstoßene Chilis verwenden.

Gebratene Garnelen

FÜR 4 PERSONEN

ZUTATEN

2 EL Öl
2 getrocknete rote Chilis, fein gehackt
4 Knoblauchzehen, zerdrückt
6 TL Sojasauce
200 g gefrorene, geschälte Garnelen (aufgetaut und abgetropft)
50 g ungesalzene Cashew-Nüsse
100 g Pilze, in Scheiben geschnitten
5 Stangen Sellerie, in Würfel geschnitten
10 cm Gurke, geschält, in Würfel geschnitten
1/3 Kopf Chinakohl, geschnitten
1/4 Kopf römischer Salat, geschnitten
2,5 cm frischer Ingwer, fein gehackt
1 Prise Fünf-Gewürze-Mischung (siehe Seite 110)
6 Frühlingszwiebeln, fein gehackt
400 g Bohnensprossen

ZUBEREITUNG

♦ 1 EL Öl im Wok erhitzen. Die Chilis, 1 Knoblauchzehe und 1/2 TL Sojasauce hinzufügen.

♦ Die Garnelen in den Wok geben und unter Rühren kurz braten. Die Nüsse dazugeben und ein paar Sekunden mitbraten. Garnelen und Cashew-Nüsse herausnehmen und zur Seite legen.

♦ Unter Rühren die Pilze, Sellerie, Gurke, Kohl, Salat und 4 1/2 TL Sojasauce in den Wok geben und kurz braten. Herausnehmen und zur Seite legen.

♦ Das restliche Öl, Knoblauch, Ingwer und Fünf-Gewürze-Mischung in den Wok geben.

♦ Die Bohnensprossen und 1 TL Sojasauce hinzufügen. Unter Rühren kurz braten. Die anderen Zutaten wieder zurück in den Wok geben. Alles gut vermengen und sofort servieren.

— Sternanis —

Peking-Ente

FÜR 4 PERSONEN

ZUTATEN

ERSTE MARINADE

1 Ente ca. 1,5 kg
6 Frühlingszwiebeln
6 EL Wein
2 EL Sojasauce

ZWEITE MARINADE

4 Scheiben frischer Ingwer
16 Knoblauchzehen
4 Schoten Sternanis
2 Fenchelknollen

ZUBEREITUNG

♦ Die Ente waschen und trockenreiben.
♦ Die Zwiebeln zerdrücken und mit den anderen Zutaten zur ersten Marinade mischen.
♦ Die Zwiebeln in die Ente füllen. Die Haut mit der Marinade bestreichen. 2 Stunden ziehen lassen.
♦ Die Zwiebeln durch 2 Scheiben Ingwer ersetzen.
♦ Die Zwiebeln, die beiden anderen Ingwerscheiben und die Zutaten zur zweiten Marinade auf der Ente verteilen.
♦ Die Ente 1 Stunde dämpfen, abkühlen und abtropfen lassen.
♦ In einer tiefen Pfanne so viel Öl erhitzen, daß die Ente fast ganz eingetaucht werden kann.
♦ Sobald das Öl heiß ist, die Pfanne vom Herd nehmen und die Ente vorsichtig hineinlegen. Darauf achten, daß das Öl nicht spritzt, da es sehr heiß wird. Das Öl mit einem Löffel über die Ente gießen, bis die Haut gut gebräunt ist. Wenn das Öl zu kühl wird, die Pfanne wieder auf den Herd schieben.

Mit eingelegtem Gemüse und Sauce servieren.

Eingelegtes Gemüse

ZUTATEN

1 Gurke
1 TL Salz
2 TL Zucker
1 Chilischote, in Streifen geschnitten
1 Zwiebel, in Scheiben geschnitten
1 EL Essig

ZUBEREITUNG

♦ Die Gurke der Länge nach durchschneiden, die Kerne entfernen und die Gurke in Streifen schneiden. Salzen und 15 Minuten ziehenlassen. Gut abspülen und trockentupfen.
♦ Zucker, Chili und Zwiebelscheiben dazugeben. Zum Schluß mit Essig übergießen.

Sauce

ZUTATEN

1 EL gesalzene Sojabohnen, zerdrückt
1 TL Sojasauce
1 TL Sesamöl
1 TL Zucker
1 TL Wasser

ZUBEREITUNG

♦ Alle Zutaten mischen und bei milder Hitze 10 Minuten dämpfen.

— Sternanis —

Hühnersuppe auf südostasiatische Art

FÜR 8 PERSONEN

ZUTATEN

SUPPE

400 g Rindfleisch
1 mittelgroßes Hühnchen
1 TL Lengkuas
2 Sternanis
10 Nelken
1/2 geriebene Muskatnuß
8 Pfefferkörner
1 TL Salz
1 TL Zucker (nach Geschmack)
10 Schalotten, in Scheiben geschnitten, gebraten
10 Knoblauchzehen, in Scheiben geschnitten, gebraten

ZUM GARNIEREN

20 Schalotten, in Scheiben geschnitten, gebraten
1 Bund Frühlingszwiebeln
100 g chinesischer Sellerie, in Scheiben geschnitten
100 g Bohnensprossen

„SCHNITZEL“

200 g Rinderhackfleisch
400 g Kartoffeln, gekocht und püriert
2 Eier
1 TL Salz
Pfeffer
etwas Muskat
Öl zum Braten

ZUBEREITUNG

♦ Das Rindfleisch in 1 l Wasser weichkochen. Herausnehmen und in Scheiben schneiden.
♦ Weitere 2 l Wasser in den Topf geben und die Brühe wieder zum Kochen bringen.
♦ Das Hühnchen in den Topf geben und bei mittlerer Hitze etwa 1 Stunde kochen, bis es weich ist. Herausnehmen und unter kaltem Wasser abspülen.
♦ Das Fleisch von den Knochen ablösen und beiseite legen, die Knochen wieder zurück in den Topf geben.
♦ Die Gewürze, zwei Drittel der gebratenen Schalotten und den Knoblauch dazugeben.
♦ 20 Minuten köcheln lassen, dann abgießen.
♦ „Schnitzel“: Alle Zutaten, die restlichen Schalotten und den Knoblauch aus der Suppe mischen.
♦ Die Masse zu „Schnitzeln“ formen und von beiden Seiten goldbraun braten.
♦ Bohnensprossen, Hühnerfleisch, Rindfleischscheiben und „Schnitzel“ auf verschiedene Schüsseln verteilen und die Suppe darübergießen.

Mit chinesischem Sellerie und Frühlingszwiebeln servieren.

— Kurkuma —

Kurkuma, auch Gelbwurzel oder botanisch *Curcuma longa,* ist ein Wurzelstock und mit dem Ingwer verwandt. Kurkuma besitzt eine tiefgelbe Farbe, die man besonders nach dem Durchschneiden erkennt. Schon früh hat dieses sonnenfarbige Rhizom die Menschen fasziniert, die Kurkuma stets mit der Magie in Verbindung brachten. Bei den Hindus steht Kurkuma für Fruchtbarkeit. Das Gewürz ist indischer Herkunft, wird aber in ganz Südostasien und auf Jamaica angebaut. Gerade wegen seines etwas stockigen Aromas und seiner kräftig-gelben Farbe ist es ein wichtiger Bestandteil verschiedener Currypulver.

Kurkuma ist auch ein aromatisches Einzelgewürz, sollte aber nie als Ersatz für Safran verwendet werden. Beide unterscheiden sich grundlegend im Geschmack, außerdem besitzen sie verschiedene chemische Inhaltsstoffe. Die Farbe des Safran löst sich beispielsweise leicht in Wasser, die des Kurkuma dagegen nicht. Wenn Sie also einer Bouillabaisse oder Paella mit Kurkuma Farbe und Geschmack verleihen wollen, wird dies in einem kleinen Fiasko enden.

Kurkuma wird, da es sich sehr schwer von Hand mahlen läßt, stets in Pulverform angeboten. Kaufen Sie es nur in kleinen Mengen, denn es verliert schnell an Aroma.

Hauptimporteure für Kurkuma sind der Iran und Japan. Das ist erstaunlich, wo doch Safran im Iran ein Landesprodukt ist.

— KURKUMA —

Fisch in Kurkuma

FÜR 4–6 PERSONEN

ZUTATEN

1 große Seebarbe (Seeteufel oder jede andere Fischart mit festem, nicht zu öligem Fleisch ist geeignet)
Fleisch einer frischen Kokosnuß
2 frische grüne Chilis
1 Stück frischer Ingwer, ca. 2,5 cm
1/2 TL weißer Pfeffer
2 TL Kurkuma
Salz
1 große Zitrone
Elektroherd 180 °C, Gasherd Stufe 4

ZUBEREITUNG

♦ Den Fisch putzen und schuppen, aber ganz lassen.
♦ Alle anderen Zutaten, bis auf die Zitrone, pürieren.
♦ Den Fisch innen und außen mit der Paste bestreichen.
♦ In Alufolie wickeln und 25–35 Minuten backen.
♦ Mit Zitronensaft beträufeln und mit Zitronenschnitzeln servieren.

— Kurkuma —

Piccalilli

ZUTATEN

2 kg Markkürbis
12 kleine Zwiebeln
1 Blumenkohl
600 g Butterbohnen
50 g Gewürzgurken
10 g Steinsalz
1 l Essig
2 EL Zucker
6 Pfefferkörner
2 mittelgroße Stücke Ingwerwurzel
1 TL Currypulver (siehe Seite 124)
1 EL Mehl
3 EL Kurkuma

ZUBEREITUNG

♦ Den Kürbis in 2,5 cm große Würfel schneiden.
♦ Die Zwiebeln schälen und in Scheiben schneiden.
♦ Den Blumenkohl in Röschen zerbrechen.
♦ Die Bohnen schneiden (2,5-cm-Stücke).
♦ Das ganze Gemüse waschen und in eine große Porzellanschüssel geben, mit Steinsalz bestreuen und 24 Stunden stehen lassen.
♦ Das Gemüse gut abspülen und abtropfen lassen.
♦ Mit Zucker, fast dem ganzen Essig, Pfefferkörnern und Ingwer (in ein Musselinsäckchen binden) in einen großen Topf geben und köcheln lassen.
♦ Currypulver, Mehl, Kurkuma mit dem restlichen Essig zu einer Paste verrühren.
♦ Das Gemüse zum Kochen bringen und die Kurkumapaste einrühren. 10 Minuten köcheln lassen.
♦ Den Ingwer herausnehmen.
♦ Wenn das Gemüse erkaltet ist, in sterilisierte Gläser füllen und verschließen.

Gebratener Truthahn

FÜR 6–8 PERSONEN

ZUTATEN

1 Truthahn, ca. 4 kg
1 grüne Paprikaschote, fein gehackt
2 TL Ingwer
2 Zwiebeln, fein gehackt
350 g brauner Reis, halb gekocht
2 EL Essig
2 TL Kurkuma
2 TL schwarzer Pfeffer
2 TL Garam Masala (siehe Seite 124)
Elektroherd 170 °C, Gasherd Stufe 3

ZUBEREITUNG

♦ Den Truthahn waschen und enthäuten.
♦ Füllung: Paprika, Ingwer, Zwiebeln, Reis, 1/2 TL Essig mischen und in den Truthahn füllen.
♦ Aus Kurkuma, schwarzem Pfeffer, Garam Masala und dem restlichen Essig eine Paste rühren und den Truthahn damit bestreichen.
♦ In Alufolie einwickeln und 20 Minuten pro 400 g Gewicht des Truthahns im Rohr braten.
♦ Häufig mit Butter und dem austretenden Fett bestreichen.
♦ 20 Minuten, bevor der Truthahn fertig ist, die Folie abnehmen, damit die Oberseite knusprig braun wird.

— Vanille —

Es ist unmöglich, all die kulinarischen Schätze wirklich zu würdigen, die uns von den präkolumbianischen Mexikanern überliefert worden sind. Was wäre Speiseeis ohne Schokolade und Vanille? In vielen Fertiggerichten wird heute leider nur noch sehr selten echte Vanille verwendet. Man greift in der Nahrungsmittelindustrie lieber zu chemischen Essenzen, die dem Geschmack einigermaßen nahekommen. Zuerst wurde der Vanilleextrakt aus dem Eugenol von Nelken, Zimtblättern oder Pimentöl gewonnen, später aus Steinkohleteerextrakten. Heute dagegen wird er aus Abfällen der Papiermühlen produziert.

Obwohl Vanille, botanisch *Vanilla planifolia,* heute in der ganzen tropischen Welt als Gewürz angebaut wird, stammt die beste Qualität immer noch aus Mexiko. Kaufen Sie die langen, braunen Schoten. Und wenn sie mit kleinen, weißen Kristallen überzogen sind, dann besitzen sie ein besonders intensives Aroma.

Vanilleschoten bewahrt man am besten in der Zuckerdose auf. So halten sich die Schoten frisch und der Zucker profitiert davon. Am besten, Sie haben zwei Gefäße mit Zucker bereit: eins für die Vanilleschoten und eins für die Zimtstangen. Beide passen ausgezeichnet zu Schokolade, sollten aber getrennt gelagert werden.

— Vanille —

Vanillecreme

ZUTATEN

3 Eier
50 g Vanillezucker
2 1/2 TL Gelatinepulver
225 ml Milch
50 ml Wasser
2 TL Vanilleessenz (siehe Seite 121)
225 ml Sahne

ZUBEREITUNG

♦ Eier und Zucker schaumig rühren.
♦ Die Milch erhitzen, aber nicht kochen lassen, dann über die Eier gießen.
♦ Die Mischung durch ein Sieb wieder in den Topf zurückgießen. Bei ganz kleiner Flamme unter Rühren köcheln lassen, bis die Creme dickflüssig wird.
♦ Abkühlen lassen.
♦ Die Gelatine 5 Minuten in Wasser einweichen, dann erhitzen, damit sie sich auflöst.
♦ Zuerst die Vanilleessenz, dann die Gelatine in die abgekühlte Eiercreme rühren.
♦ Die Sahne schlagen und unter die Creme ziehen.
♦ In eine Schüssel füllen und in den Kühlschrank stellen.

— Vanille —

Eiskaffee

ZUTATEN

500 ml starker, schwarzer Kaffee
250 ml kalte Milch
30 g Zucker (nach Geschmack)
1/2 TL Vanilleessenz
2–3 TL Sahne

ZUBEREITUNG

♦ Alle Zutaten verrühren. Gut gekühlt servieren.

Vanilleschnitten

ZUTATEN

150 g Blätterteig
150 ml Sahne
1 TL Vanilleessenz
175 g Himbeeren
Puderzucker mit Vanillegeschmack
Elektroherd 230 °C, Gasherd Stufe 8

ZUBEREITUNG

♦ Den Teig gleichmäßig 1/2 cm dick ausrollen. In 10 cm breite Streifen schneiden.
♦ 20 Minuten backen und auskühlen lassen.
♦ Die Sahne schlagen und dabei die Vanilleessenz dazugeben.
♦ Die Himbeeren waschen.
♦ 2 oder 3 Blätterteigstreifen mit Sahne bestreichen und mit Himbeeren bestreuen. Mit den anderen Teigstreifen bedecken.
♦ Jede Schnitte mit Puderzucker bestreuen. Köstlich!

Haferflockenkekse

ERGIBT 36 STÜCK

ZUTATEN

100 g Margarine
100 g brauner Zucker
Salz (nach Geschmack)
1 Ei, leicht geschlagen
11/2 TL Vanilleessenz
200 g feines Vollkornmehl
3/4 TL Backpulver
400 g Weizenkeime
600 g Haferflocken
175 g Sonnenblumenkerne oder gehackte Nüsse
175 g Rosinen (nach Geschmack)
Elektroherd 190 °C, Gasherd Stufe 5

ZUBEREITUNG

♦ Margarine, Salz und Zucker verrühren.
♦ Ei und Vanille dazugeben.
♦ Mehl und Backpulver sieben.
♦ Mehl mit Weizenkeimen und Haferflocken mischen.
♦ Die trockenen und feuchten Zutaten mischen.
♦ Etwas Wasser dazugeben, falls die Masse zu fest ist.
♦ Den Teig mit einem Eßlöffel portionsweise auf ein eingefettetes Backblech verteilen.
♦ 10–12 Minuten goldbraun backen.

— Saucen —

Worcestershire Sauce *Vanilleessenz* *Chili-Essig*

Worcestershire Sauce

ZUTATEN

6 Knoblauchzehen, zerdrückt
1 TL schwarzer Pfeffer
1/4 TL Chilipulver
75 ml Sojasauce
350 ml Essig

ZUBEREITUNG

♦ Alle Zutaten in eine Flasche geben und fest verschließen. Vor Gebrauch gut schütteln.

Knoblauch-Paste

ZUTATEN

2 Knollen Knoblauch
einige Tropfen Olivenöl
Ghee (geklärte Butter)

ZUBEREITUNG

♦ Die Knoblauchzehen mit dem Öl gut zerdrücken.
♦ Wenn eine dicke, weiche Paste entstanden ist, in ein Schraubglas füllen und mit Ghee bedecken.

Meerrettich-Sauce

ZUTATEN

1 EL frisch geriebener Meerrettich
125 ml Sahne
einige Tropfen Olivenöl

ZUBEREITUNG

♦ Meerrettich und Sahne gut vermischen.
♦ Das Olivenöl unterrühren.

Chili-Essig

ZUTATEN

1 1/2 scharfe, rote Chilischoten
1/2 l Essig

ZUBEREITUNG

♦ Die Schoten zu dem Essig geben. Zehn Tage lang täglich schütteln. Abseihen und in eine Flasche füllen.

— Saucen —

Bechamel-Sauce *Knoblauch-Paste* *Meerrettich-Sauce* *Senf-Mayonnaise*

Bechamel-Sauce

ERGIBT EINEN HALBEN LITER

ZUTATEN

4 EL Butter oder Margarine
2 EL Mehl
375 ml Milch
Salz und Pfeffer zum Abschmecken
Muskatnuß (nach Wunsch)

ZUBEREITUNG

♦ Butter oder Margarine in einem Topf schmelzen.
♦ Das Mehl einrühren.
♦ Vom Feuer nehmen und ein wenig Milch dazugießen. Wieder erhitzen und nach und nach die restliche Milch unter ständigem Rühren hinzufügen.
♦ Unter Rühren weitere 10 Minuten köcheln lassen, mit Salz und Pfeffer abschmecken.

Vanille-Essenz

ZUTATEN

2 Vanilleschoten
225 ml Weinbrand

ZUBEREITUNG

♦ Die Schoten in Stücke brechen und mit dem Weinbrand ansetzen. 6 Wochen lang täglich schütteln.

Senf-Mayonnaise

ZUTATEN

1/2 EL Dijonsenf
1 Eigelb
1/2 TL Worcestershire Sauce (siehe Seite 120)
1 TL Weißweinessig
Salz und frisch gemahlener Pfeffer
ein paar Tropfen Tabasco Sauce
225 ml Sonnenblumenöl
Saft einer halben Zitrone

ZUBEREITUNG

♦ Senf, Eigelb, Worcestershire Sauce, Essig, Salz und Pfeffer, Tabasco Sauce und ein wenig Öl gut miteinander vermischen.
♦ Unter Rühren langsam das restliche Öl untermischen.
♦ Zitronensaft unterrühren.

Wodka mit Anis *Tequila Maria*

Wodka mit Anis

ZUTATEN

2 EL Koriander
1 EL Fenchelsamen
3 EL Anis
100 g Zucker
500 ml Wodka

ZUBEREITUNG

♦ Die Gewürze mahlen oder zerstoßen.
♦ Gewürze und Zucker zu dem Wodka geben.
♦ Eine Woche lang täglich gut durchschütteln.
♦ Abseihen und in eine Flasche umfüllen.

Saké Maria

ZUTATEN

100 ml Fruchtsaft
Saft einer Zitrone
Tabasco Sauce zum Abschmecken
frisch gemahlener Pfeffer
50 ml Saké

ZUBEREITUNG

♦ Alle Zutaten mit zerstoßenem Eis in einem großen Trinkglas vermischen. Mit einer Stange Sellerie servieren.

Tequila Maria

ZUTATEN

eine kräftige Prise weißer Pfeffer
eine kräftige Prise Selleriesalz
Tabasco Sauce zum Abschmecken
ein Spritzer Worcestershire Sauce (siehe Seite 120)
eine Prise Oregano
Saft einer Zitrone
1/2 TL frisch geriebener Meerrettich
50 ml Tequila
100 ml Tomatensaft

ZUBEREITUNG

♦ Alle Zutaten in einem großen Trinkglas mit gestoßenem Eis verrühren.

Glühwein

ZUTATEN

1 Orange, in Scheiben geschnitten
1 Zitrone, in Scheiben geschnitten
1 Zimtstange
10 Nelken
1/4 TL Ingwer
1/4 Muskatnuß, gerieben
3 EL brauner Zucker
500 ml Rotwein
100 ml Weinbrand
250 ml Wasser

ZUBEREITUNG

- ♦ Obst, Gewürze und Zucker in einen Topf geben.
- ♦ Wein, Weinbrand und Wasser hinzufügen.
- ♦ Bis knapp zum Siedepunkt erhitzen.
- ♦ Gewürze dazugeben.
- ♦ Leise köcheln lassen und heiß servieren.

Nicht aufkochen, da sonst der Alkohol verdunstet.

Gewürzter Punsch

ZUTATEN

1 Flasche Bordeaux
die Schale einer Orange
6 Nelken
1 Zimtstange
3 Kardamomkapseln, zerdrückt
3 Korianderkörner, zerdrückt
15 g geriebene Ingwerwurzel

ZUBEREITUNG

- ♦ Alle Zutaten in eine Schüssel geben und 8 Stunden lang stehen lassen.
- ♦ Abseihen und erhitzen, bis der Wein aufzuwallen beginnt.
- ♦ Nicht kochen lassen!

— Gewürzmischungen —

Currypulver 1 *Currypulver 2* *Garam Masala „traditionell"*
Garam Masala 1 *Garam Masala 2*

Wenn verschiedene Gewürze miteinander gemischt werden, ist das Ergebnis mehr als die Summe der Einzelgewürze. Erhitzen Sie die Gewürze in einer trockenen Pfanne, bis sie ihr Aroma entfalten. Koriander und Kreuzkümmel zerkleinert man am besten in einer Gewürzmühle und erhitzt sie getrennt. Die abgekühlten Mischungen werden fest verschlossen in einem Schraubglas an einem kühlen und dunklen Ort aufbewahrt.

Diese Mischungen entfalten in den ersten Wochen ihr Aroma kolossal, verlieren es aber bald wieder. Deshalb sollten Sie stets nur kleine Mengen herstellen.

Die Ziffern hinter den Gewürzen beziehen sich auf das Mischungsverhältnis.

Currypulver-Mischungen

MISCHUNG EINS

Kreuzkümmel 1
Koriander 4
Bockshornklee 1/2
Kurkuma 1 1/2
Schwarzer Pfeffer 1/2
Kardamom 1/4
Chilischoten 1
(nach Wunsch)

MISCHUNG ZWEI

Schwarzer Pfeffer 1
Nelken 1
Zimt 2
Kardamom 1
Koriander 6
Kreuzkümmel 2
Bockshornklee 1/2
Muskatnuß 1
Chilischoten 2

Garam Masala

MISCHUNG EINS

Zimt 2
Schwarzer Pfeffer 3
Nelken 2
Kreuzkümmel 2
Macis 1
Kardamomsamen 1
Lorbeerblätter 2

MISCHUNG ZWEI

Kümmel 3
Koriander 7 1/2
Kardamom 4
Lorbeerblätter 1/2
Nelken 5
Schwarzer Pfeffer 5
Muskatnuß 1 1/2
Macis 1 1/2
Zimt 4

— Gewürzmischungen —

Quatre Épices 1 *Quatre Épices 2* *Küchenpfeffer*

Quatre Épices

Diese berühmte französische Gewürzmischung wird für Fleischprodukte verwendet, die Basis ist weißer Pfeffer. Es gibt Fleischgerichten eine pikante Note.

MISCHUNG EINS

Weißer Pfeffer 7
Nelkenpfeffer 3
Macis 1
Muskatnuß 1/2
Nelken 1/3
Zimt 1/2

(Muskatnuß, Macis und Nelkenpfeffer verleihen dieser Mischung ihre besondere Note.)

MISCHUNG ZWEI

Weißer Pfeffer 7
Muskatnuß 1
Nelken 1
Ingwer 1

(Dies sind die klassischen „Quatre Épices".)

Küchenpfeffer

Sehr gut für Saucen.

Salz 10
Ingwer 4
Weißer Pfeffer 1
Macis 1
Nelken 1
Muskatnuß 1

„Philadelphia"-Gewürzpulver

Lassen Sie kurz zu bratendes Schweinefleisch 2 1/2 Stunden in dieser Mischung „ziehen" oder bestreuen Sie Steaks, Saucen, Füllungen oder Schinken damit.

MISCHUNG

Nelken 2
Muskatnuß 1
Macis 1
Cayennepfeffer 1
Basilikum 1
Thymian 1
Lorbeerblatt 1

— INDEX —

— INDEX —

L

M

N

O

P

R

S

— INDEX —